Elon Musk

Emmanuel Botta
Béatrice Mathieu

Elon Musk

Robert Laffont

ISBN : 978-2-221-26302-0
Dépôt légal : mai 2023
Éditions Robert Laffont – 92, avenue de France 75013 Paris

Prologue

C'est en plein cœur du désert texan, sur une vaste étendue écrasée par le soleil et hérissée de cactus et de yuccas, qu'Elon Musk a décidé d'édifier la cité de ses rêves. *Sa* cité. À une heure de route d'Austin, la capitale de l'État, le milliardaire a acquis au fil des ans et en toute discrétion pas moins de 1400 hectares (soit la superficie d'une ville comme Saint-Tropez) pour bâtir Snailbrook – c'est son nom –, ainsi que le rapporte le *Wall Street Journal* au mois de mars 2023[1], une sorte de phalanstère des temps modernes qui, à terme, aurait la capacité d'abriter plusieurs milliers de salariés gravitant dans la galaxie muskienne, qu'ils travaillent chez SpaceX, Tesla ou Twitter. Ces derniers bénéficieraient alors d'un loyer trois fois plus bas que celui du marché local et pourraient rejoindre leur lieu de travail à pied ou à vélo, ces 1400 hectares devant également accueillir des centres de recherche et des sites de production.

1. « Elon Musk is planning a Texas Utopia: His Own Town », *Wall Street Journal*, 9 mars 2023.

Comme toujours, le fantasque entrepreneur veut aller vite. À côté d'une grande pancarte affichant «Snailbrook», une piscine, une aire de sport en plein air et un gymnase sont déjà sortis de terre. Non loin, de gigantesques entrepôts sont en cours d'assemblage et la construction d'une centaine de maisons serait déjà planifiée. Selon la loi texane, il suffit qu'un ensemble d'habitations dénombre plus de deux cents habitants pour que l'on puisse déposer une demande d'incorporation et obtenir ainsi le statut officiel de ville. Les zélotes d'Elon Musk se mettent déjà à rêver tout haut d'une ville ultrafuturiste, où les robots humanoïdes Optimus développés par Tesla seraient aux petits soins pour les habitants.

Mais Snailbrook n'est-elle pas avant tout une maquette grandeur nature pour les colonies martiennes, dont rêve l'infatigable milliardaire ? Il n'est pas interdit de le penser, tant l'ingénieur de formation est obsédé par la conquête de l'astre rouge, qui doit faire de l'homme une espèce multiplanétaire et sauvegarder ainsi l'humanité, étant entendu, d'après Musk, que les coups de boutoir de l'homme ont d'ores et déjà condamné notre bonne vieille planète Terre. Ce messianisme technophile est à garder constamment à l'esprit pour appréhender la galaxie muskienne qui, entre fusées, bolides électriques, panneaux photovoltaïques, tunnels, Internet par satellite... peut sembler aussi géniale que décousue. Même quand il rachète Twitter, c'est, selon ses dires, pour sauver une liberté d'expression qu'il estime en péril. Qu'on aime ou qu'on abhorre le personnage, force est de constater que personne avant lui n'a réussi à renverser la table dans autant d'univers différents à la fois. Personne. Steve Jobs pour son côté obsessionnel, Thomas Edison pour ses idées visionnaires et Citizen Kane pour sa démesure, Musk est tout cela, et peut-être plus encore. Un entrepreneur aussi génial que borderline, sans filtre ni surmoi, qui, d'un tweet à l'autre, poste un plan de paix, dans lequel l'Ukraine devrait céder le Donbass à la Russie, félicite Emmanuel Macron pour sa réforme des retraites avant de live-tweeter ses passages aux toilettes… Un personnage de roman fait d'ombre et de lumière qui nous a donné envie d'enquêter, d'entrer dans la tête d'Elon pour comprendre le phénomène Musk.

Maintes fois, les Cassandre ont prédit son échec. Le gamin de Pretoria, replié sur lui-même et asocial, n'était, paraît-il, pas doué pour l'école. Le jeune start-uper de la Silicon Valley était trop disruptif, ingérable et colérique pour construire dans la durée. Au tournant du XXIe siècle, lorsqu'il s'attaque à deux citadelles réputées imprenables – l'automobile et l'espace –, peu parient sur sa réussite. Les caciques de l'industrie mondiale haussent les épaules ou sourient tout au plus quand Musk décrit ses projets, droit sortis d'un livre de science-fiction. Qui aurait cru qu'il parviendrait à faire réatterrir ses fusées de SpaceX sur des barges larges comme des confettis, au milieu de l'océan, en moins d'une décennie ? Qui aurait cru qu'il réussirait à faire franchir à ses bolides électriques de Tesla le seuil de la production de masse, forçant les constructeurs installés à opérer un virage technologique qu'ils n'avaient pas anticipé ? Qui aurait cru, enfin, qu'il trufferait l'orbite basse de milliers de satellites de communication Starlink, en l'espace d'une poignée d'années ? À chaque fois, Musk a marché le long du précipice, mais il n'est jamais tombé. Certes, les délais annoncés n'ont pas souvent été respectés. Mais qu'importe. Elon Musk a forcé le destin en mentant, en contournant, voire en violant, les règles, en soumettant la puissance publique à son bon vouloir et à ses désirs – et délires – technologiques.

Aujourd'hui encore, nous entendons la même petite musique. Les robots Optimus, dont personne n'a encore vu la couleur, ne serviraient pas à grand-chose. Ses premiers pas chez Twitter seraient calamiteux et l'avenir même de la société serait en suspens. Les dernières annonces – ou plutôt l'absence d'annonces majeures – chez Tesla, lors des très attendus Investor Days début mars 2022, laisseraient penser que le constructeur automobile est en perte de vitesse.

Percer le mystère Musk, c'est remettre mille fois le métier sur l'ouvrage. Un projet visionnaire et baroque chasse l'autre ; une déclaration tonitruante et provocante fait oublier la précédente. Il nous a donc fallu ralentir le temps, nous extraire de la vitesse de l'homme pour essayer d'en dessiner un portrait forcément nuancé. Malgré nos multiples demandes, Elon Musk n'a répondu à aucune de nos sollicitations. Nous avons donc remonté le fil du temps, en Californie, en Afrique du Sud, parlé avec ses parents, son oncle maternel, ses professeurs de lycée, certains de ses copains d'école. Nous nous sommes surtout longuement entretenus avec certains de ses plus proches collaborateurs de chez

Tesla, SpaceX ou Twitter. Dans la plupart des cas, pour qu'ils acceptent de se confier à nous, ces derniers ont exigé l'anonymat le plus strict. Même s'ils ont quitté ses sociétés, Elon Musk les tétanise encore. Ses colères, sa démesure, sa soif de revanche, sa puissance font peur.

Jusqu'où peut-il aller ? Certains lui prédisent un destin politique, alors que ses prises de position – de plus en plus proches de celles de la droite républicaine américaine – sur la Chine, la Russie ou encore la guerre en Ukraine laissent songeur. Tout comme ses déclarations reprises en boucle par les sphères complotistes. En décembre 2022, l'ancien président russe Dmitri Medvedev avait même déclaré qu'il deviendrait le prochain président des États-Unis… Une hypothèse d'autant plus invraisemblable que Musk, étant né en Afrique du Sud, ne peut pas prétendre à la fonction suprême. D'autres affirment qu'après l'automobile et l'espace, il va révolutionner la façon dont les hommes communiquent, achètent, s'échangent des informations ou de l'argent, s'éduquent, dans le monde réel, mais aussi dans le métavers, faisant de Twitter la super-application que l'Amérique cherche encore.

Parmi ses fidèles, on redoute surtout le dérapage de trop, l'enfermement dans une bulle égotique sur fond de dépression rampante, dont il ne parviendrait pas à sortir. Un destin hollywoodien pour un homme qui navigue en permanence entre la réalité et le fantasme, entre la science et la science-fiction. Un destin où Musk aurait définitivement enterré Elon.

1

Aux origines d'Elon

C'est un portrait en gros plan, la photographie sépia d'une femme aux premières heures du XXe siècle. L'épaisse chevelure retenue en arrière par un chignon bas dégage un visage carré. Les pommettes sont hautes, les lèvres, fines, le front, bombé, les yeux, légèrement bridés, le regard, clair. La détermination semble chevillée dans sa mâchoire saillante. Almeda Jane Norman a de quoi être fière : elle est fraîchement diplômée de la Chiropractic School and Cure, un établissement fondé quelques années plus tôt par le docteur E. W. Lynch à Minneapolis, dans l'État du Minnesota. Elle est l'une des premières femmes à avoir réussi le difficile examen. Nous sommes le 20 janvier 1905, Almeda a 28 ans.

Faire des études, elle en a rêvé, adolescente. Mais son père, un agriculteur qui a émigré d'Angleterre quelques décennies plus tôt et qui s'est installé à Chippewa, sur les vastes plaines du Midwest froid et sauvage des États-Unis, ne l'entend pas de cette oreille. Elle se mariera, comme toutes les femmes. À 23 ans, elle épouse Elon Haldeman, un fermier du coin. Dans la foulée, deux enfants viennent agrandir le foyer, qui vit chichement dans une cabane en rondins à Pequot, en plein cœur de la région des Grands Lacs. Paradoxalement, la maladie de son mari pousse Almeda à chambouler le cours tout tracé de son existence. Diabétique, Elon est en effet souffrant, et le travail à la ferme lui est de plus en plus difficile ; on menace même de l'amputer. Les médecins lui donnent six mois à peine à vivre.

Alors Almeda, décidant de quitter Pequot, embarque époux et enfants pour la grande ville, Minneapolis, où elle n'a jamais mis les pieds. Là, elle convainc le docteur E. W. Lynch de prendre en charge son époux. Le médecin jouit d'une renommée extraordinaire, car il est le pionnier d'une discipline toute nouvelle, qui fait fureur dans le nord des États-Unis : la chiropraxie. Par la manipulation de la colonne vertébrale, Lynch est persuadé de pouvoir guérir nombre de maladies. Les médecins conventionnels, prudents, le qualifient de charlatan et préfèrent les traditionnelles saignées. Mais les premiers gestes de Lynch – et surtout le régime draconien qu'il impose au jeune homme – font des miracles. Almeda, qui devient une des fidèles du médecin gourou, voit dans la chiropraxie une porte de sortie ouvrant la perspective d'un avenir désirable pour la jeune femme intelligente qu'elle est et qui s'imaginait infirmière ou institutrice. Tentant le tout pour le tout, elle s'inscrit donc à l'école et suit les cours du soir de Lynch, travaille nuit et jour pour nourrir sa famille et payer les soins de son mari. Alors que l'espérance de vie de ce dernier se comptait en semaines, il survit encore quatre ans, un exploit pour l'époque. Elon Musk porte certes le prénom de son arrière-grand-père maternel, mais ce sont la détermination et l'audace d'Almeda, son arrière-grand-mère, qui coulent dans ses veines.

Nous ne sommes pas nos parents. Nous ne sommes pas nos aïeux. Mais leurs choix, leurs valeurs, leurs lubies, leurs folies, leurs défaites façonnent notre existence. Inconsciemment, certains s'en inspirent, quand d'autres prennent des voies diamétralement opposées. Volontairement, certains les revendiquent, quand d'autres préfèrent l'oubli, quitte à s'inventer un passé plus apaisé ou plus glorieux. L'héritage familial est comme une valise. Il nous accompagne dans le voyage de la vie.

Que trouve-t-on dans la valise de l'un des hommes les plus puissants de la planète ? L'indépendance, le refus des convenances, le goût de la transgression, du risque et de l'aventure, la détestation d'une élite établie, l'amour de la science. Une forme de violence aussi. Oser et refuser l'impossible. S'envoler, découvrir, réparer. La marque « Musk ». Voici ce que contient le bagage que ses parents et grands-parents lui ont légué. Avec ces cartes en main, Elon a fait le reste. À sa façon, il poursuit une œuvre familiale, mais en allant plus loin, en brisant tous les tabous. Dût-il choquer, se ridiculiser. L'homme d'affaires a une vision messianique de ses business. Sorte de gourou New Age, il compte des millions de « fan-fidèles » éparpillés sur la planète. Quand, avec ses fusées et SpaceX, il promet d'emmener l'humanité sur Mars, c'est parce qu'il est convaincu que la planète se meurt, rongée par la pollution et menacée par une Troisième Guerre mondiale. Quand, avec les implants neuronaux de Neuralink et la première interface entre l'homme et la machine, il promet de « réparer » les paralysés et de soigner les malades de Parkinson ou d'Alzheimer, c'est aussi parce qu'il craint que l'homme perde un jour son combat contre l'intelligence artificielle. Rester maître de la machine, tel est le gage de la liberté et de la survie de l'espèce humaine.

Tous les membres du puzzle Musk, à leur façon, ont parcouru le même chemin. L'hagiographie familiale a été soigneusement entretenue par un personnage : Scott Haldeman, l'oncle d'Elon, frère de sa mère Maye et petit-fils d'Almeda. Lui aussi a choisi de réparer les humains. Il est professeur de neurologie à l'université d'Irvine en Californie, spécialiste mondialement reconnu des douleurs rachidiennes et... chiropracteur. En 1986, il a coécrit l'ouvrage de la collection « Que sais-je ? » dédié à cette pratique peu répandue dans l'Hexagone[1]. Avant de nous accorder un entretien, l'homme a posé ses conditions. Il ne parlera pas d'Elon, ne donnera pas son avis sur les entreprises ou les prises de position de son bouillant neveu. En revanche, on a du mal à l'arrêter quand il raconte la vie de ses parents et de ses grands-parents. Au fil des années, il nourrit la légende d'Elon Musk.

Quelle est la marque de fabrique des Haldeman ? Quelques secondes à peine de réflexion et le septuagénaire nous répond : « Le travail, le travail et encore le

1. Scott Haldeman, François Le Corre, *La Chiropraxie*, Paris, Puf, coll. « Que sais-je ? », 1986.

travail. À certains moments de ma vie, j'ai pu travailler jusqu'à cent heures par semaine. J'ai toujours vu mon père se lever tous les matins à 5 heures et Maye, ma sœur, est infatigable. » Elon aussi est un bourreau de travail. Il était capable, adolescent, de passer des nuits entières à apprendre un langage informatique et à peaufiner des lignes de code. Plus tard, il ira jusqu'à installer un lit de camp au milieu de l'usine Tesla de Fremont afin de ne pas perdre une minute et de galvaniser ses troupes quand les délais ne seront pas respectés.

L'ardeur à la tâche, c'est Almeda qui la leur a transmise. Docteur Almeda Jane Haldeman. Son diplôme de chiropracteur en poche, elle convainc son mari de tout lâcher et d'émigrer au Canada, dans la province du Saskatchewan. Là-bas, elle installe la première clinique de chiropraxie du pays. Mais la santé de son époux est toujours chancelante et il faut bien régler les fins de mois. Alors, Almeda ouvre également un restaurant et une pension de famille. Elon finit par mourir en 1909. Quelques années plus tard, la jeune femme se remarie avec un professeur, propriétaire terrien et notable. Elle aurait pu choisir d'arrêter de travailler, de s'occuper de ses enfants – elle en a deux autres avec son second mari –, de rentrer dans le rang et de profiter de sa nouvelle aisance financière. Mais Almeda veut rester indépendante, coûte que coûte. Contre l'avis de son mari, elle poursuit ses multiples activités, dirige sa clinique, son restaurant. Elle s'inscrit même à l'École normale et devient professeure. Selon Gloria Steinem, essayiste et figure majeure de la libération des femmes aux États-Unis, Almeda Haldeman est une pionnière, une infatigable défenseuse de la cause féministe, un personnage au caractère et aux idées politiques bien tranchés. Elle milite pour le droit de vote des femmes, rêve de politique. Dans les années 1920, elle se fait militante acharnée du mouvement de la tempérance, qui s'oppose à la consommation d'alcool, un « mal » qu'elle considère comme responsable des violences conjugales. À son entourage, elle fait mener une vie d'ascète. « Pas de cigarettes, pas d'alcool, pas de jeux d'argent, pas de propos graveleux ou vulgaires, tout cela était interdit à la maison », raconte son fils aîné Joshua. En 1948, Almeda meurt d'une pneumonie à l'âge de 71 ans.

Joshua a hérité des traits de sa mère : son caractère, son goût pour l'indépendance, la liberté et la prise de risque… Sa passion aussi pour la chiropraxie. « Joshua est la figure emblématique de la famille, celui qu'on montre toujours en exemple », explique Scott Haldeman. Elon Musk ne parle jamais de son père, si ce n'est pour le décrire comme un homme pervers, violent, manipulateur, quasiment diabolique. Mais son admiration pour ce grand-père maternel, qu'il n'a pourtant presque pas connu, est sans borne. Dans une interview accordée il y a quelques années au journaliste Scott Pelley pour le magazine *60 Minutes*[1], Musk justifie ses racines américaines par cet aïeul né dans le Midwest, qu'il décrit comme un aventurier, explorateur, archéologue à ses

1. « Elon Musk on his Family History », *60 Minutes*, YouTube, 31 mars 2014.

heures. Un Indiana Jones à la sauce sud-africaine, un homme fantasque et imprévisible qui correspond parfaitement à l'idéal muskien.

Paradoxalement, Elon a fait le parcours inverse de son grand-père maternel. Lui, à 17 ans, a quitté l'Afrique du Sud, où il étouffait, pour tenter l'aventure au Canada. Quarante ans avant lui, Joshua fuyait ce même Canada, « trop étriqué, où il ne supportait plus l'*establishment* et le personnel politique », et découvrait les terres sauvages d'Afrique du Sud, raconte Scott Haldeman.

Joshua, le fils chéri d'Adelma, est un jeune homme turbulent. Intelligent, touche-à-tout, il aime la castagne, la boxe, la lutte. Il fait un tabac dans les compétitions de lancer de lasso, rêve d'intégrer la troupe de Buffalo Bill, qui sillonne l'Ouest américain et lustre la mémoire de ce passé de conquérants. Mais Almeda veille au grain. Sa décision est irrévocable : Joshua sera chiropracteur. Comme elle. Au début des années 1920, il ouvre, à son tour, son premier cabinet de chiropraxie au Canada. Bien vite, le désir d'aventure et de grands espaces lui fait fourmiller les jambes. Très vite, il abandonne tout et repart sur ses terres natales du Minnesota. Là, il monte de nouveau à cheval et retrouve ses premières amours. Mais les *roaring twenties* finissent mal. La Grande Dépression des années 1930 fait des ravages dans le Midwest rural. Joshua a investi sa fortune dans des machines nouvelles. Les banques l'étranglent. Surendetté, il perd tout ce qu'il a. « Il nourrira sa vie entière une haine des banques et des financiers », raconte Scott. Un mépris que son petit-fils cultive encore aujourd'hui.

Alors, Joshua repart de rien, retourne dans le Grand Nord canadien, où il survit au moyen de petits boulots en se produisant dans des shows de rodéo et de cow-boys… Sa rencontre avec Winnifred, une danseuse de ballet et apprentie comédienne qui a vainement tenté de percer sur les planches de Chicago et New York, change la donne. Il reprend ses études de chiropraxie, perfectionne son savoir-faire avec sa mère et ouvre la plus grande clinique du Canada. Les enfants voient le jour – son fils Scott, sa fille et ses jumelles, dont l'une est Maye, la mère d'Elon – et l'embourgeoisement vient conforter le train de vie du foyer. Mais les Haldeman sont des originaux : Joshua se pique d'aviation et il survole avec sa femme les immensités canadiennes à bord d'un petit coucou pour aller « manipuler » ses patients partout dans le pays. Les *flying enthusiasts*, comme on les surnomme, deviennent très populaires.

De même que sa mère, la tentation politique titille Joshua. Anticommuniste, il adhère pendant la Seconde Guerre mondiale au Crédit social du Canada, un parti conservateur-populiste aux idées révolutionnaires en matière d'économie. Comment assurer à la population un minimum vital ? s'interroge-t-il. La crise des années 1930 et les ravages de la guerre ont laissé des millions de familles dans la pauvreté la plus extrême, et la finance régit tout. Les défenseurs du crédit social croient en une solution miracle : l'État n'a qu'à verser en début d'année une somme identique à l'ensemble des citoyens, dont le montant est susceptible de varier en fonction de la conjoncture économique, ce qui permettrait à tous de mener une vie décente. Une forme de revenu universel avant l'heure, dont – ironie de l'histoire – Musk est l'un des plus fervents partisans aujourd'hui. L'idée est séduisante sur le papier, mais elle ne convainc pas jusque dans les urnes ; Joshua, qui se présente à de multiples élections sous la bannière du parti du Crédit social, subit revers sur revers. La politique l'agace. « Il trouvait que le contrôle du gouvernement sur la vie des gens était trop strict et que le pays souffrait d'un véritable effondrement moral », raconte Scott. Las, aigri, il prend sa décision en 1950 : le Canada est trop étroit, la famille a besoin de grands espaces, de sensations fortes et de chaleur. Où trouver tout cela ? En Afrique du Sud. Joshua vend tous ses biens, désosse son petit avion, un Bellanca rouge rubis, et entasse les pièces dans un container. Direction Le Cap. L'aventure sud-africaine peut commencer.

Les Haldeman auraient pu s'installer le long des plages immaculées de l'océan Indien ou acheter des milliers d'hectares et se construire une fortune de propriétaires terriens. Mais Joshua n'a qu'une idée en tête, l'aventure. À peine arrivé en Afrique du Sud, il assemble son avion et part à la découverte de cet immense pays, accompagné de sa femme, de ses quatre enfants et de leurs maigres affaires. Il l'a décidé : sa famille s'installera là où le paysage vu d'en haut sera le plus beau. Au printemps, une large tache mauve colore l'horizon. Les jacarandas, ces grands arbres qui bordent les avenues de Pretoria, sont en fleurs et tapissent les rues de pétales violets. Depuis le Bellanca, le spectacle est magnifique. C'est donc dans cette ville située à plus de 1 400 mètres d'altitude, pas trop chaude l'été, et où les hivers sont aussi cléments, que les Haldeman atterrissent. « Un climat idéal », assure Joshua. Le 21 novembre 1950, la clinique de chiropraxie Haldeman ouvre ses portes. Avec leurs grandes fermes exploitées par une main-d'œuvre servile, les Afrikaners ont de l'argent, et les excentricités de Joshua amusent une élite claquemurée dans l'apartheid. Les patients affluent immédiatement. Le succès de l'établissement permet au couple de laisser libre cours à ses rêves d'escapades. Winnifred dit oui à tout, s'enthousiasme pour tout. Si les Haldeman deviennent champions de tir du pays, remportent *ex aequo* le rallye automobile entre Le Cap et Alger en 1956, c'est à bord du Bellanca qu'ils sont les plus audacieux. Ils survolent tout le continent, et sont même les premiers à effectuer le voyage entre l'Afrique du Sud et l'Australie sans aucun instrument de pilotage. À chaque fois, c'est Winnifred qui endosse le rôle de copilote.

Joshua est convaincu que l'Afrique est le berceau de l'humanité, une terre vierge qui n'a pas livré tous ses secrets. Forcément, le mythe de la cité perdue du Kalahari enflamme son imagination. Il dévore donc *Huit mois au Kalahari*[1], un livre écrit un demi-siècle plus tôt par un aventurier canadien d'origine italienne, Guillermo Antonio Farini, qui retrace la traversée à

1. Guillermo Antonio Farini, *Huit mois au Kalahari*, Paris, Hachette, 1887.

cheval de cette immense zone aux confins de l'Afrique du Sud, du Botswana et de la Namibie. L'écrivain décrit des ruines immenses s'étalant sur près de deux kilomètres et dont personne n'a jamais entendu parler. « Qu'avons-nous découvert ainsi, dormant du sommeil des siècles : un temple, une cité, la nécropole de quelque grande nation ? Nous restâmes trois jours, à creuser, déblayer, explorer au grand ennui de nos paresseux métis », écrit-il.

Quelques lignes seulement, mais suffisamment intrigantes pour décider Joshua et Winnifred à se lancer, eux aussi, dans la quête de cette cité perdue. En 1953, ils effectuent une première expédition terrestre, puis une deuxième, quelques mois plus tard, en avion cette fois, survolant plus de 13 500 kilomètres[1]. Le couple s'adonne à douze voyages, à la recherche des fameux vestiges… sans jamais les trouver. Pour chacun d'eux, les enfants sont de la partie. « On partait des semaines entières, seuls dans le bush. On dormait dans une petite tente, entourés des bêtes sauvages. Il fallait chasser pour se nourrir. Et si on n'avait rien tué, alors on ouvrait des boîtes de sardines », nous explique Maye Musk, la mère d'Elon. Unc vic idéale, faite d'aventures, sans aucune règle. « Vous êtes des Haldeman, rien n'est impossible. Tout ce que vous rêvez de faire, si vous travaillez, vous le réussirez », martèle Joshua à ses enfants. « Elon s'est approprié cette leçon de vie », assure Scott Haldeman.

1. Joseph C. Keating et Scott Haldeman, « Joshua N. Haldeman, The Canadian Years (1926-1950) », *The Journal of the Canadian Chiropractic Association*, 1995.

Joshua meurt dans un accident d'avion à 72 ans en 1974. Sur le point d'atterrir, il n'a pas remarqué un câble tendu entre deux poteaux. Les roues de l'appareil se bloquent, la carlingue bascule. Le pilote succombe à ses blessures. Maye, qui idolâtre son père aventurier, est terrassée. Son petit-fils, Elon, a trois ans.

Pendant toute son enfance, Elon Musk est bercé par le récit des périples extraordinaires de ses grands-parents. Il s'extasie devant leur goût du risque, leur amour de l'aventure. Petit, il s'imagine, plus tard, pilotant son propre avion. Maye souhaite l'élever comme elle-même l'a été. Sans entrave. Une éducation libre, où tout est possible.

À sa manière, Maye Musk, elle aussi, casse les codes. Elle aurait pu rentrer dans le rang, élever tranquillement ses enfants. Mais, comme sa grand-mère, elle est émancipée, indépendante, rebelle. Comme Almeda, elle poursuit des études et décroche un diplôme de diététicienne. Elle n'a pas défié les lions et les serpents à sonnette dans le bush pour vivre enchaînée à son rôle de mère au foyer, dans une de ces grandes maisons des quartiers blancs de Pretoria. Maye est belle, dotée de jambes qui n'en finissent pas, et d'un faux air de Katharine Hepburn. Alors qu'elle est encore adolescente, un ami de la famille, qui dirige une école de mannequinat, la repère et lui propose ses premiers contrats. À Pretoria, elle s'amuse, court les défilés de mode, concourt pour Miss Afrique du Sud… Son mariage avec Errol Musk, un riche entrepreneur d'une dizaine d'années plus âgé, tourne vite au cauchemar.

Elle s'enfuit, ses enfants sous le bras, et quitte le pays pour retourner aux États-Unis. Là-bas, elle marche dans les pas d'Almeda et de Joshua et fait ce qui lui plaît.

Au tournant des années 1980, à rebours des codes du mannequinat, du botox et des opérations de chirurgie esthétique, Maye joue la carte du naturel, se coupe les cheveux court, les laisse blanchir et ne cache ni son âge, ni ses rides. Son agent, près de s'étouffer, lui prédit l'arrêt immédiat de sa carrière. C'est le contraire qui survient. Sa silhouette longiligne, ses yeux bleus perçants, sa chevelure argentée font d'elle une star des défilés. Elle multiplie les unes de *Vogue*, du *Time*, d'*Elle*… Elle apparaît dans un clip de Beyoncé et s'affiche avec Kim Kardashian. Les marques de cosmétiques Clinique et Revlon font d'elle leur égérie. Surtout, comme ses parents hier, et comme son fils aujourd'hui, elle ose tout. En 2011, à 63 ans, elle pose nue, de profil, en couverture du magazine *New York*. Comme l'actrice Demi Moore quelques années auparavant, elle prend la pose, la main soutenant un faux ventre de femme enceinte. Le magazine américain consacre en effet un dossier aux femmes de plus de 50 ans qui rêvent de grossesse tardive… En 2019, elle publie *A Woman Makes a Plan*[1], sorte d'autobiographie mêlée à des conseils de beauté et de développement personnel. Le succès est planétaire, et l'ouvrage paraît en une dizaine de langues.

1. Maye Musk, *A Woman Makes a Plan: Advice for a Lifetime of Adventure, Beauty, and Success*, New York, Penguin Random House, 2019.

Nous la rencontrons à Paris, à l'automne 2022, lors d'une séance de dédicaces de son livre, tout juste traduit en français. Le rendez-vous a été fixé à 19 heures dans une librairie non loin de l'opéra Garnier. Elle arrive avec plus d'une heure de retard. Profil d'aigle, regard glacial, sourire crispé, sanglée dans une longue redingote noire signée Dior. La consigne transmise par son agent est très claire : Maye refuse d'évoquer Elon. « Vous comprenez, elle a deux autres enfants et ne veut pas donner l'impression qu'elle préfère parler de l'un et non des autres », nous explique-t-on. « Qu'avez-vous transmis à vos enfants ? » lui demandons-nous d'emblée. « Être curieux, tenter sa chance, n'avoir peur de rien, utiliser son cerveau », répond Maye, avant de nous tourner le dos et de faire quelques selfies avec des fans, qui ont attendu des heures pour approcher le top model septuagénaire.

Entre la mère et le fils, la relation est presque fusionnelle. Avec lui, elle joue les louves. Elon est attaqué sur les réseaux sociaux ? Elle prend immédiatement sa défense. Elon livre des satellites Starlink aux combattants ukrainiens au début de la guerre ? Elle applaudit sur Twitter, avec force émojis en forme de cœur et de pouces levés. Lors des rares soirées mondaines auxquelles le fils assiste, quand il n'est pas accompagné de l'une de ses dernières conquêtes, c'est avec sa mère qu'il s'y rend. Et tous deux font le show, elle, arborant les tenues excentriques des derniers couturiers à la mode, lui, roulant des mécaniques, les deux stars maîtrisent à merveille les codes des tapis rouges.

Dans la construction du mythe familial muskien, il y a pourtant un fâcheux trou noir, comme une énigme, un tabou : Errol Musk, le père d'Elon. Si le P.-D.G. milliardaire s'affiche avec sa mère, si Kimbal, son frère, n'est jamais loin, tout comme sa sœur cadette et ses deux cousins Lyndon et Peter Rive, les fondateurs de SolarCity, Errol, lui, est aux abonnés absents. Ou plutôt il a été rayé de la photo de famille par le clan. Biffé de l'histoire.

Errol Musk vit toujours en Afrique du Sud, dans l'une de ces villas pour millionnaires au sein d'un quartier sécurisé d'une banlieue chic du Cap, au bord de la mer. Nous avons dû montrer patte blanche pour qu'il accepte de s'entretenir avec nous, il a fallu de longs préambules pour qu'il se laisse approcher et nous livre sa version de l'histoire. Ou plutôt celle du moment, tant ses déclarations varient au fil des jours. Physiquement, les deux hommes se ressemblent. Même carrure massive, même mâchoire taillée dans le roc, même regard glacial privé d'expression. « Pourquoi Elon ne vous parle-t-il plus ? » lui demandons-nous. « C'est faux », répond-il. Au printemps 2022, leur dernière rencontre remonterait à Noël 2021, ou peut-être avant, il ne se rappelle plus très bien. « Et puis vous savez, j'étais comme ça aussi avec mon père. » En clair, chez les Musk, on ne fait pas dans le démonstratif, on ne fait pas dans la tendresse.

Errol est né en 1947. C'est un pur produit sud-africain, élevé à la dure dans une famille d'origine allemande, installée à Pretoria depuis deux siècles. Son père, un militaire, un sergent taiseux, est un peu trop porté sur la boisson. Sa mère, une femme austère, mène son monde à la baguette. Errol poursuit de brillantes études d'ingénieur, réussit dans les affaires, s'affiche progressiste quand les tensions et les émeutes contre l'apartheid enflamment le pays. « Un père modèle », nous explique-t-il, très fier de la réussite de ses enfants, et en particulier de celle d'Elon. Pourtant, le clan Musk raconte par petites touches une tout autre histoire. Dans une interview donnée à *Rolling Stone* en 2017, son fils déclare avec des sanglots dans la voix au journaliste qui l'interroge : « Presque tous les crimes que vous pouvez imaginer, il les a commis. Presque toutes les choses diaboliques auxquelles vous pouvez penser, il les a faites[1]. »

À quoi Elon Musk fait-il référence au juste ? La violence, assurément. Le viol ? L'inceste ? Au début des années 1990, lors de l'intrusion d'une bande de pilleurs dans sa villa, Errol n'hésite pas une seconde. Il saisit son magnum et abat froidement trois des malfaiteurs. Tous sont noirs. « Je n'ai pas été condamné, c'était un acte de légitime défense », explique-t-il, affirmant par la suite que l'Afrique du Sud était un pays plus sûr et plus prospère à l'époque qu'aujourd'hui.

La transgression qui plaît tant au fondateur de SpaceX est aussi une marque de fabrique du père. Ainsi, en 2018, on apprend que le septuagénaire est le géniteur d'un enfant qu'il a conçu avec la fille de sa deuxième épouse, Jana, de quarante-deux ans plus

1. Neil Strauss, « Elon Musk, the Architect of Tomorrow », *Rolling Stone*, 15 novembre 2017.

jeune que lui. « Une erreur », concède-t-il à l'époque. Elle serait arrivée chez lui après avoir rompu avec son compagnon et aurait passé la nuit sous son toit. « Vous savez, cela faisait des années que je vivais seul. » Sauf que l'erreur se serait répétée. À l'été 2022, on apprend qu'il a eu un deuxième enfant, toujours avec sa belle-fille. « Où est le problème ? Nous sommes sur Terre pour nous reproduire. Je pense que c'est merveilleux ! Ma grand-mère a eu treize enfants. Depuis quand avoir des enfants est un péché ? » nous lance Errol.

Curieux parallèle entre le père et le fils. Au moment où Errol Musk faisait part de sa nouvelle progéniture, Elon annonçait avoir eu des jumeaux quelques mois plus tôt, en novembre 2021, avec une dirigeante de Neuralink, Shivon Zilis, la directrice des opérations et des projets spéciaux de sa start-up. Ils sont nés quasiment au même moment que le deuxième enfant qu'il a conçu, en recourant à une mère porteuse, avec la musicienne et artiste canadienne Grimes – de son vrai nom Claire Boucher. La relation entre la pop star aux délires métaphysiques et le milliardaire tech est tumultueuse. Le couple en pointillé ne vit pas sous le même toit, ils communiquent par tweets interposés et se partagent la garde des deux enfants, prénommés X ΛE Λ-XII et Exa Dark Sideræl.

Après tout, Musk est fidèle aux idées qu'il défend. À rebours des discours malthusiens de certains magnats de la Silicon Valley, le milliardaire ne cesse de répéter que le plus grand danger qui pèse sur l'humanité est la baisse de la natalité. Musk veut des enfants, beaucoup d'enfants. Il en compte officiellement dix aujourd'hui, issus de trois lits différents. Durant l'été 2022, l'un de ses aînés, une fille transgenre, a fait la demande officielle de reprendre le nom de sa mère et de couper tout lien avec son père. «Je n'habite plus avec mon père biologique et ne veux plus être associée à lui sous quelque forme que ce soit», déclare alors la jeune femme dans un communiqué de presse. Quelques semaines plus tôt, Elon Musk s'est rendu avec elle et ses trois frères à Rome, où ils se sont entretenus avec le pape François, lord d'une audience privée. Quelle a pu être la teneur des discussions entre le pontife latino-américain, dont la première encyclique, *Laudato si'*, est une critique virulente du capitalisme, et l'un des hommes les plus riches du monde ? Sur Twitter, ce dernier a publié une photo de leur rendez-vous au Vatican. On le voit, droit comme un I, le pape fatigué à ses côtés, et ses quatre enfants en rang d'oignon. Comme une nouvelle manifestation égotique, l'homme qui rêve de sauver l'humanité se tient côte à côte avec le serviteur de Dieu sur Terre. Du Musk pur jus.

2

Elon avant Musk

Ce 16 juin 1976, à l'aube, l'histoire bascule. Sur le matelas élimé posé dans un coin de la chambre miteuse qu'il partage avec ses neuf frères et sœurs, Tsietsi Mashinini n'a pas fermé l'œil de la nuit. L'angoisse lui ronge le ventre. Pendant des heures, le jeune étudiant au lycée Morris-Isaacson de Soweto a écouté la ville gronder. Dans le noir, il a repassé en boucle chaque mot, chaque phrase du discours qu'il entend prononcer dans la matinée. Trois jours auparavant, devant une centaine d'étudiants réunis au centre communautaire Donaldson-Orlando, Tsietsi Mashinini avait électrisé la salle, et convaincu ses camarades d'organiser une grande marche pacifiste pour s'ériger contre la décision du gouvernement ségrégationniste d'imposer l'afrikaans, la langue des Boers, dans l'enseignement de certaines disciplines, comme les mathématiques, la géographie ou l'histoire, et dans toutes les écoles du pays.

Au lever du soleil, le plus grand township d'Afrique du Sud s'embrase. Les jeunes ont façonné les pancartes, les plus âgés ont planifié chaque étape de la marche qui doit traverser Soweto. À l'heure précise, ils sont déjà près d'un millier, habillés de leur uniforme d'écolier, à avoir répondu présent à l'appel de Mashinini. Au fil du parcours, la foule se densifie et ce sont entre 15 000 et 20 000 manifestants qui parviennent en fin de matinée devant l'immense stade d'Orlando. Face à eux, une police affûtée, armée jusqu'aux dents, exige leur dispersion. Devant leur refus, les chiens sont lâchés. Les grenades lacrymogènes explosent. Puis l'ordre est donné à la police de tirer à balles réelles. La première victime est un enfant de 13 ans, abattu d'une balle dans le dos et qui agonise dans les bras d'un camarade de classe, aux côtés de sa sœur en pleurs. Le photographe Sam Nzima, qui a suivi la marche pacifiste, immortalise la scène. Son cliché fait le tour du monde et marque le début de l'isolement politique et économique de l'Afrique du Sud, mise au ban par la communauté internationale. Il faudra attendre quinze ans, en juin 1991, pour que toutes les lois racistes en vigueur dans le pays soient définitivement abolies.

Elon Musk est un enfant de l'apartheid, mais pas des ghettos crasseux où Tsietsi Mashinini a grandi et où s'entassent et survivent dans des bicoques en tôle ondulée, privés d'électricité et d'eau courante, les trois quarts de la population noire d'Afrique du Sud. Quatre-vingt kilomètres seulement séparent Soweto de Pretoria. Une distance bien plus grande, en réalité. Car si les Musk se prononcent contre l'apartheid, ils vivent sur une autre planète. Une planète nommée Waterkloof, le quartier le plus huppé de la cité, sur les hauteurs, loin du bruit et de la fureur. Là, de hauts murs abritent de splendides villas entourées de jardins luxuriants. Le personnel de maison, les jardiniers, les nourrices, les chauffeurs... tous sont noirs et viennent des bidonvilles entourant la ville. Le secteur est le refuge des ambassades étrangères, mais aussi de l'élite afrikaner la plus radicale. La vie s'y écoule doucement, et au printemps, les jacarandas qui bordent les larges avenues s'enflamment, habillant la capitale d'un pourpre profond.

Quand Soweto s'embrase, Musk a 5 ans. Trop jeune pour comprendre toute la violence inhérente à la société sud-africaine, il est cependant suffisamment âgé pour pressentir qu'il y a quelque chose de pourri dans son paradis fleuri. Il est né le 28 juin 1971, à Pretoria, la capitale administrative du pays, où se concentrent les descendants des premiers colons débarqués au XVIe siècle, majoritairement des Hollandais et des Allemands, et quelques huguenots français. Kimbal, son frère cadet, voit le jour quasiment un an après lui, puis sa sœur Tosca, trois ans plus tard. La famille Musk est aisée. Maye a son propre cabinet de diététicienne et nourrit son rêve de devenir top model. Errol est ingénieur mécanicien, chef d'entreprise, affairiste, aventurier touche-à-tout et coureur de jupons. Chez les Musk, on ne parle pas la langue des Boers, mais l'anglais. Les enfants sont baptisés et la famille se rend à la messe le dimanche. Errol adhère au parti progressiste anti-apartheid et est même élu dès 1972 au conseil municipal. «Les enfants étaient très au courant du monde dans lequel ils évoluaient. Ils y étaient confrontés tous les jours», explique Errol Musk. Pendant les émeutes de juin 1976, la chaîne de télévision américaine CBS vient même l'interviewer, lui, l'homme d'affaires libéral, proche d'un jeune leader noir du mouvement anti-apartheid, Mamelodi Youth Movement.

Quels souvenirs Elon Musk garde-t-il de ces années de plomb ? Il a grandi et vécu jusqu'à ses 17 ans dans cette Afrique du Sud raciste et violente, laissant derrière lui un pays ravagé par les émeutes, étouffé par un système politique moribond. Il paraît impossible d'appréhender la psychologie de Musk sans sonder ses années sud-africaines. Ses valeurs, ses idéaux, ses fantasmes, ses terreurs sont tous nés ici, entre Pretoria et Durban, au bord de la mer, où il passe ses vacances d'été. Quand il défend le *free speech* ou lorsqu'il rêve d'une démocratie directe sur Mars, l'ombre menaçante de l'apartheid et de la propagande d'État ressurgit des tréfonds de sa mémoire. Quand il livre une bataille pour s'emparer de Twitter au nom de la liberté d'expression, le souvenir de cette presse sud-africaine, passée à la moulinette gouvernementale et livrée sur le pas de la porte chaque soir avec des pages manquantes, lui revient forcément en tête. Musk, comme Kimbal, ne parle jamais de son adolescence sous l'apartheid. Seule Tosca, sa sœur, une fois devenue cinéaste, est revenue tourner un film sur la révolte de Soweto.

Elon est un enfant de la guerre. La guerre aux portes du quartier où il vit. La guerre, aussi, derrière les murs blancs de la propriété familiale sur la très cossue Victoria Street à Waterkloof. Que se passe-t-il quand la porte d'entrée se referme sur Errol, le soir venu? «Toutes les familles heureuses se ressemblent. Chaque famille malheureuse, au contraire, l'est à sa façon[1] », écrit Tolstoï dans *Anna Karénine*. L'argent, la sécurité, les vacances au ski ou en Europe, la résidence secondaire à Durban... les Musk ont tout. En façade.

Avant de se marier, Maye et Errol se connaissent depuis longtemps, ils évoluent dans les mêmes cercles fortunés. Errol lui a fait la cour pendant plusieurs mois, avant que la finaliste du concours de beauté de Miss Afrique du Sud en 1969 accepte de l'épouser. Mais leur mariage tourne vite au fiasco. «J'ai fait beaucoup d'erreurs», confesse Errol aujourd'hui. La jeune femme ne supporte pas la manipulation, les mensonges, les aventures de son mari volage. Elle déprime, avale tout ce qui lui tombe sous la main. Lui préférerait savoir Maye à la maison, s'occupant des enfants, comme toute femme blanche se doit, au sein de cette société sud-africaine corsetée et catholique. Dans son livre, Maye Musk lève un coin du voile : elle accuse son ancien mari de l'avoir maltraitée physiquement et mentalement durant des années, et même de l'avoir menacée avec un rasoir lorsqu'elle lui a annoncé son intention de divorcer. Dans une série d'entretiens avec une psychanalyste, postée sur YouTube en 2021, il balaie toutes ces dénonciations, les qualifiant de «fantaisistes», et s'exclame même : «J'aimais beaucoup ma femme.»

1. Léon Tolstoï, *Anna Karénine*, traduction de J.-W. Bienstock, Paris, Stock, 1906.

Lorsque nous l'interrogeons à ce sujet, il répond : « Maye me déteste et tout ce qu'elle dira sur moi n'est que pur mensonge. »

Durant toute sa jeunesse, le cocon familial du petit Elon revêt des allures de champ de bataille. Les cris, les disputes, les insultes pleuvent. Dans les longues entrevues que Musk a accordées à Ashlee Vance, son biographe, il affirme, laconique : « Il serait certainement exact de dire que je n'ai pas eu une bonne enfance. Elle peut sembler bonne. Il y a eu de bons moments, mais ce n'était pas une enfance heureuse. Cela ressemblait à un supplice[1]. »

Elon grandit dans la peur. L'angoisse de la violence de son père et de celle de la rue. Mais il y a Kimbal, son frère. Quinze mois séparent les deux gamins. Elon et Kimbal sont comme les deux faces d'une même pièce. Le cadet est le négatif de l'aîné. Autant Elon se montre renfermé et introverti, autant Kimbal est solaire, ouvert aux autres. Sur une photo de famille publiée en 2015 dans *Vanity Fair*, on aperçoit Elon et Kimbal aux côtés de leurs deux cousins, Peter et Lyndon Russ Rive – les enfants de la sœur de Maye –, dans le jardin de la maison des Musk à Waterkloof. Ils ont une dizaine d'années. Kimbal, coupe au bol et short blanc, tire la langue ; Russ bombe le torse et fait le zouave ; le plus jeune, Peter, s'esclaffe ; Elon, lui, sourit, mais ne regarde pas l'objectif, tourne la tête, les bras croisés derrière le

1. Ashlee Vance, *Elon Musk : Tesla, SpaceX and the Quest for a Fantastic Future*, New York, Ecco Press/HarperCollins, 2015.

dos… « Kimbal, c'était l'enfant parfait[1] », explique alors Maye. Elon, au contraire, a la fâcheuse manie de disparaître, il faut le chercher pendant des heures. Il refuse de dormir le soir et préfère lire des nuits entières, incapable, le matin venu, de se lever pour aller à l'école.

Si différents soient-ils, les deux frères sont néanmoins inséparables. Quand Elon, quelques mois après le divorce de ses parents, décide d'aller vivre avec son père, Kimbal le suit dans la foulée. Quand, en 1988, après quelques semaines seulement passées sur les bancs de l'université, Elon quitte le domicile familial, son visa canadien en poche, pour poursuivre ses études – certains affirment cependant qu'il fuit le service militaire obligatoire –, son cadet le rejoint dès qu'il a terminé le lycée. C'est ensemble qu'ils découvrent la Silicon Valley et créent leur première start-up, Zip2. Kimbal, c'est l'ange gardien de Musk, le fil ténu qui ramène le milliardaire à la raison… quand il y arrive. Le frère, certes, mais aussi l'ami. « Elon était très déprimé à la sortie du lycée. Il ne s'imaginait aucun avenir ici. J'ai même pensé à un moment que s'il restait ici, il aurait pu se suicider », nous confie son père. « Elon n'avait pas de copains. Dans sa classe, il était toujours le plus petit. C'est triste pour une mère de voir son enfant comme ça… », soupire Maye auprès de la journaliste de *Vanity Fair*.

Pour Elon, l'entrée à l'école primaire est un calvaire. Parmi les enfants du quartier, le gamin détonne.

1. Emily Jane Fox, « How Elon Musk's Mom (and her Twin Sister) Raised the First Family of Tech », *Vanity Fair*, 21 octobre 2015.

Les bonnes notes, la compétition scolaire, les félicitations, très peu pour lui. Les passes de rugby dans la cour, sport national parmi l'élite sud-africaine, non plus. Il ne rentre pas dans le moule et s'extrait de ce monde pour construire le sien. Au bout de quelques mois d'école, Maye et Errol sont convoqués par le directeur de la Waterkloof Primary School, accompagné de l'institutrice. Cette dernière décrit un enfant passif, regardant sans cesse par la fenêtre, ne répondant pas aux questions, au regard vide. Le verdict du chef d'établissement est sans appel : « Votre enfant est attardé, peut-être faut-il envisager une autre école où il sera mieux pris en charge. » Errol Musk se souvient : « Nous avons été extrêmement choqués, nous savions très bien qu'Elon n'était pas en retard, qu'il était même très intelligent. On lui a fait passer des tests auditifs qui n'ont rien donné. Le système scolaire n'était tout simplement pas adapté pour lui. » Dans le livre d'Ashlee Vance, Maye décrit très bien ces moments d'absence : « Dans ces moments-là, il rentre à l'intérieur de son cerveau et vous voyez qu'il est dans un autre monde. Cela lui arrive encore. À présent, je ne le dérange pas, car je sais qu'il est en train de construire une nouvelle fusée ou autre chose. » Mais c'est évidemment Musk lui-même qui en parle le mieux : « On dirait que la partie du cerveau habituellement réservée au traitement de la vision – celle qui sert à analyser les images provenant de mes yeux – est préemptée par les processus de réflexion interne. […] Pour les images et les chiffres, je peux traiter leurs interrelations algorithmiques. […] Accélération, élan, énergie cinétique, les effets des objets sur ce genre de phénomènes me viennent avec une grande netteté[1] », explique-t-il. Musk décrit son fonctionnement interne comme un ordinateur, comme s'il avait une carte mémoire à la place du cerveau.

Pendant des années, personne ne met de nom sur le comportement étrange du tycoon de la tech. Ceux qui travaillent avec lui doivent s'y faire, ou sinon sont brutalement invités à partir. Les anciens hauts responsables de Tesla et SpaceX – que nous avons interrogés – nous ont tous confirmé sa psychologie particulière. « Il est très difficile d'établir un contact visuel avec lui, il semble détaché des gens, incapable de toute manifestation d'empathie », raconte un ancien haut dirigeant de Tesla, qui a passé plusieurs années auprès de Musk dans l'usine de Fremont en Californie. En mai 2021, invité du *Saturday Night Live*, l'émission phare de comédie satirique de la télévision américaine, Musk fait son *coming out*. En préambule du traditionnel monologue qui lance le talk-show, il en fait des tonnes. Faussement décontracté, bougeant la tête d'avant en arrière, haussant les épaules, roulant les yeux de gauche à droite, il finit par lâcher : « Cette émission est historique. Je suis le premier autiste Asperger à faire le *Saturday Night Live*. Ou alors, les autres n'ont juste pas osé le dire ! » Sous les rires et les applaudissements de la salle, il continue son numéro : « À toutes les personnes que j'ai pu offenser, je dis : j'ai réinventé la voiture électrique et j'envoie des gens sur la planète Mars à bord d'une fusée. Vous pensez vraiment que je devrais être un gars détendu et

1. Ashlee Vance, *Elon Musk*, *op. cit.*, p. 36-37.

normal ? » Musk a sa logique, que le commun des mortels ignore. Musk vit dans un monde que nul ne visite.

Ces troubles autistiques et une absence de surmoi vont lui jouer des tours. Aujourd'hui encore. Cette logique qui lui est propre explique-t-elle pourquoi, après le divorce de ses parents, il décide de revenir vivre seul avec son père à l'âge de 11 ans seulement ? Après la séparation, Maye a pourtant mis le plus de distance possible entre Errol et ses trois enfants. Elle s'est installée à Durban, sur la côte pacifique, à quelque six cents kilomètres de Pretoria. Là, elle continue son métier de diététicienne, mais renoue vite avec son rêve ; le mannequinat. Pendant les shootings aux quatre coins du pays, les nounous prennent souvent son relais. « Maye est le genre de femme à donner des leçons d'éducation en sirotant un martini dans une soirée mondaine », nous confie un proche de Musk, qui a aujourd'hui pris ses distances avec le milliardaire. Les enfants ne voient leur père que tous les deux mois, lors des vacances scolaires. Elon, lui, entame sa mue d'adolescent, il pêche, fait du ski nautique. Puis, un jour, au bout de dix-huit mois, sans avertir personne, il monte dans un train et traverse le pays. « J'ai reçu un coup de fil de Maye, me disant qu'il était parti tout seul par le train et qu'il revenait vivre à Pretoria. J'ai dit OK ! » poursuit Errol. Des années plus tard, la mère d'Elon s'interroge encore : « Je ne comprends pas pourquoi il a quitté cette maison joyeuse que j'avais aménagée pour lui – cette maison où nous étions vraiment heureux[1]. » Mais, fidèle à

1. Ashlee Vance, *Elon Musk*, *op. cit.*, p. 39.

son éducation qui fait de ses enfants des rois maîtres de leur destin, elle le laisse faire, ne s'y oppose pas.

La décision d'Elon n'avait pourtant rien d'un coup de tête d'adolescent rebelle. Simplement, il a fait tourner son logiciel mental et pesé le pour et le contre. Il explique sommairement que son père avait l'air triste et solitaire : « Ma mère avait trois enfants et lui n'en avait aucun. Cela ne paraissait pas juste. » L'ordinateur interne de Musk a tranché. Les sentiments, la raison du cœur, ne sont pas intégrés dans son algorithme cérébral. Comme toujours, Kimbal le suivra quelques mois après. Tosca, elle, passera toute son enfance et son adolescence avec sa mère… loin d'Errol.

Pour les deux frères Musk commence alors une adolescence en apparence dorée. Voyages à l'étranger, ski, cheval… Les affaires d'Errol sont florissantes, malgré la crise économique qui balaie le pays au tournant des années 1980. L'argent coule à flots, il investit à tour de bras dans l'immobilier qui dégringole. « J'ai possédé jusqu'à six propriétés à Waterkloof », fanfaronne-t-il. Lors d'un voyage à bord de son petit Cessna 421 vers l'Angleterre, il fait une escale technique dans une base nouvellement construite sur les bords du lac Tanganyika. Là, on lui propose de lui racheter son avion en échange d'une participation dans une mine d'émeraudes en Zambie. Toujours en quête d'un bon filon, l'homme d'affaires accepte. « Ils m'ont donné tout de suite cent huit émeraudes, et beaucoup d'autres par la suite que j'ai fait tailler à Johannesburg. Cela nous a aidés à passer l'effondrement économique du milieu des années 1980, quand la guerre faisait rage et que les Occidentaux intensifiaient le blocus de l'Afrique du Sud», raconte Errol Musk. L'homme se transforme alors en marchand de pierres et vend sa précieuse marchandise dans le monde entier : Berlin, New York, Londres, Vienne. Et pour cause, il cède ses émeraudes pour une bouchée de pain : «Mes tarifs étaient si bon marché que les bijoutiers se sont bousculés au portillon. Ils les revendaient ensuite vingt fois le prix.» Le business lui rapporte beaucoup, mais il prend fin au début des années 1990, quand le filon s'épuise.

Errol est un Janus : flambeur, séducteur en public ; directif, violent, inquisiteur en privé. Si ces années sont fastes pour lui, elles tournent vite au cauchemar pour Elon et Kimbal. Leur père les accompagne tous les matins à l'école, au volant de sa Rolls Royce Corniche marron métallisé ; mais à la maison, il est aussi intraitable et dominateur avec eux qu'il l'était des années auparavant avec sa femme. Il les sermonne pendant des heures pour un oui ou pour un non, les parachute sur ses chantiers, leur fait entretenir le jardin. «C'était mon job. Je pensais qu'il fallait que je les prépare à la vie. Moi, j'ai grandi dans l'après-guerre, où tout était compliqué ; la nourriture et l'argent manquaient, les seuls vêtements que j'avais alors étaient ceux que je portais sur moi», se justifie-t-il aujourd'hui. Jusqu'où va la pression exercée par Errol ? Dans les rares interviews au cours desquelles les deux frères parlent de leur enfance, ils évoquent même une forme de torture psychologique. Une violence sourde, permanente, obsédante. «Il s'entend à vous gâcher la vie, c'est sûr.

[...] Je ne sais pas comment on devient comme il est. Il serait trop pénible de vous en dire plus[1] », souffle Musk à Ashlee Vance.

Les deux frères se protègent alors comme ils peuvent. Elon, qui déteste les sports collectifs, se pique de moto et dévale à toute allure les avenues tranquilles de Waterkloof. Kimbal a beau être là, l'aîné s'isole de plus en plus. Il a trouvé un refuge sans interdits, qui répond à sa soif inextinguible de connaissance, une passion que, pour une fois, son père ne contraint pas. Il passe ainsi des heures, plongé dans des bandes dessinées, et s'identifie aux superhéros des comics qu'il dévore. Peu à peu, il se métamorphose en rat de bibliothèque, allant même jusqu'à avaler des chapitres entiers de l'encyclopédie *Britannica*. Adolescent, il se passionne pour la science-fiction. Comment ne pas voir dans ses ambitions de conquête martienne les premiers rêves d'un jeune garçon qui se plonge avec délice dans les romans de *space opera* ?

Comprendre l'énigme Musk, c'est aussi découvrir les lectures qui ont façonné sa manière de penser, et qui lui servent encore de « colonne vertébrale », comme lorsqu'il affirme que l'humanité a un avenir multiplanétaire. Pour les fans de science-fiction, cette trame est des plus courantes. « J'ai été élevé par les livres. Les livres, puis mes parents », affirme-t-il régulièrement. Alors, il lit, relit, dévore, rêve. Des jours, des nuits durant. *Le Guide du voyageur galactique* de Douglas Adams,

1. Ashlee Vance, *Elon Musk*, *op. cit.*, p. 40.

les trois tomes du *Seigneur des Anneaux* de Tolkien. Mais c'est le *Cycle de Fondation* d'Isaac Asimov – œuvre plus sérieuse et d'inspiration philosophique – qui le marque profondément. Il n'est pas question d'êtres surnaturels ou extraterrestres, de fées ou de dragons dans l'œuvre du romancier, mais seulement d'humains qui ont colonisé des millions de planètes et qui doivent, pour éviter de périr, fonder un second empire galactique.

À 12 ans, il dévore *Mondes en collision* d'Immanuel Velikovsky, un psychiatre russe émigré aux États-Unis qui a publié au début des années 1950 un essai pseudo-scientifique se voulant révolutionnaire. L'auteur explique que les grands bouleversements cosmiques qui ont affecté la Terre expliqueraient nombre d'événements naturels, comme l'extinction brutale d'espèces entières, mais aussi d'événements historiques ou bibliques, tels l'ouverture de la mer Rouge devant Moïse, la chute de Mycènes ou de Crète. À sa sortie, l'ouvrage est très critiqué par la communauté scientifique internationale, mais aujourd'hui certaines de ses conclusions sont validées par les astronomes. Elon vénère Velikovsky. Il trouve chez lui des réponses à toutes les questions métaphysiques, voire ésotériques, qu'il se pose. « Quand je rentrais le soir, il avait surligné des passages entiers. Il me demandait ce que j'en pensais et nous en parlions pendant des heures », raconte Errol Musk. Entre deux lectures scientifiques, l'adolescent plonge dans les biographies d'hommes célèbres, dont celles d'Alexandre le Grand et, surtout, de Napoléon, l'empereur français dont il aime citer une des réponses adressées à ceux qui l'interrogeaient sur l'avenir et ses échecs possibles : « Eh bien, quoi qu'il arrive, il y a toujours la mort. »

Bien plus encore que les livres, l'informatique ouvre à l'adolescent une porte vers un univers infini... univers qu'il peut créer et contrôler à sa guise. La programmation correspond parfaitement au cerveau d'un jeune garçon qui dissèque tout, pèse chaque action, réfléchit déjà en mode 0 ou 1. Les premiers ordinateurs personnels voient le jour à la fin des années 1970. En mai 1981, un petit bijou de technologie chamboule tout : alors que les prix des composants électroniques chutent drastiquement, une entreprise américaine décide de sortir le premier ordinateur à bas prix, accessible au grand public et spécialement conçu pour les jeux vidéo. Le Commodore Vic-20 se vendra à des millions d'exemplaires. L'objectif est clair : couper l'herbe sous le pied des Japonais, qui dominent le secteur des consoles avec Atari. À quoi ressemble cette machine ? Un clavier rectangulaire un peu épais, avec de larges touches marron sur les côtés, et qui se branche sur un écran de télévision. Sa puce permet de jouer à des jeux en couleur et le graphisme surpasse celui de l'Atari 2600, la console la plus populaire de l'époque aux États-Unis.

Il faut attendre quelques mois pour que le Commodore arrive en Afrique du Sud. Elon le découvre dans une vitrine, et supplie son père de lui en acheter un. Il a vu William Shatner, l'acteur phare de la série *Star Trek* – dont il ne rate pas un épisode à la télévision –, en faire la publicité... Alors Errol cède. Pour son fils, c'est une révélation. L'atout du Commodore ? L'ordinateur est livré avec un manuel pour apprendre aux utilisateurs à programmer, avec le langage Basic intégré. Tandis que certains mettent des semaines à maîtriser l'outil, Elon y parvient en trois jours seulement. Le rat de bibliothèque se double d'un geek. Lors d'un salon professionnel sur l'avenir de l'informatique organisé à Pretoria, Errol réussit à faire entrer son fils. « Elon a sagement écouté les conférences et, à la fin, il est allé discuter avec l'un des intervenants. Ils parlaient d'égal à égal. En partant, l'expert est venu me voir en me disant qu'il fallait absolument qu'Elon continue dans cette direction », se souvient Errol.

Grâce à son ordinateur, l'adolescent peut marier ses deux passions, la science-fiction et la programmation. En 1982, il invente *Blastar*, un jeu vidéo assez simple, mélange de *Space Invaders* et d'*Asteroids*. Dans la brève description du jeu, Elon écrit : « Ta mission est de détruire un cargo extraterrestre qui transporte des bombes à hydrogène mortelles et qui est équipé de rayons status. » Personne ne sait ce que sont des rayons status, mais l'effet de surprise est là… Le graphisme est rudimentaire – comme souvent à l'époque – et les effets sonores, minimalistes, mais Elon parvient à vendre le code de son jeu au magazine *PC and Office Technology* pour près de 500 dollars. Il a 12 ans. Au même moment, au Japon, c'est aussi sur un Commodore VIC-20 que le jeune Satoru Iwata – qui deviendra par la suite P-DG de Nintendo – programme son premier jeu vidéo, *Star Battle*… à 22 ans.

Évidemment, au collège, le fossé grandit entre Elon et ses camarades de classe. Alors qu'il rêve de conquêtes napoléoniennes et de code Basic, les autres parlent de compétition de cricket, de rugby, et cachent leurs premiers émois amoureux. Elon est réservé, multiplie les gaffes quand il aborde une fille, préfère l'interroger sur ce qu'elle pense des théories d'Einstein plutôt que l'emmener voir le dernier film de Steven Spielberg, *ET l'extraterrestre*, qui sort sur grand écran en 1982. Ses absences, ses sorties abruptes commencent – déjà – à choquer et à agacer. Musk se tient à l'écart, mais il apparaît aux yeux des professeurs et des autres garçons de son âge comme un provocateur. Un adolescent impossible à cadrer. Les années passent et il est renvoyé de trois établissements.

Son manque d'empathie, son incapacité à faire siennes les conventions sociales, conséquences de ses troubles autistiques non détectés, provoquent altercations et bagarres. Jusqu'à celle qui aurait pu tourner au drame. Un matin, dans la cour du collège de Bryanston, à un gamin effondré dont le père vient de se suicider, il aurait lancé avec aplomb que ce geste est stupide et que son père est un idiot. Dans une société violente où les biceps font la loi, la vengeance ne tarde pas. Si Musk a la langue bien pendue, il est plutôt gringalet. Quelques jours plus tard, un groupe d'élèves le coincent en haut des marches de l'école. Ils le poussent violemment dans l'escalier en béton qu'il dévale à toute allure. En bas, il est roué de coups. Quand son père arrive en urgence, il découvre son fils, le visage tuméfié et le nez cassé. L'agression est suffisamment sérieuse pour qu'Elon soit hospitalisé quinze jours à Pretoria. Ses parents ne portent pas plainte, mais à la sortie de l'hôpital, leur fils change une nouvelle fois d'école.

L'absence de filtres et la provocation : ces deux marques de fabrique vont souvent lui coûter très cher. En 2018, lors d'une interview, il fume un joint en direct dans le show très populaire de Joe Rogan. Dans la foulée, la Nasa diligente une enquête sur la sécurité de son partenaire SpaceX. Quand, en novembre 2022, quelques heures après avoir officialisé son rachat de Twitter, il débarque au siège de l'entreprise en portant un lavabo, pour bien faire comprendre que le ménage au sein du réseau social a commencé, la vidéo fait le tour du monde et les grands annonceurs qui font vivre la plateforme se disent qu'il est peut-être temps de plier bagage…

Les dernières années sud-africaines passées à la Pretoria Boys High School (PBHS) calment un peu l'adolescent rebelle. PBHS est l'une des écoles les plus prestigieuses du pays. Un établissement de garçons – blancs –, au sein duquel l'uniforme gris ou vert bouteille, selon les sections, est obligatoire et doit être porté « avec honneur ». Loyauté, moralité, travail… On ne rigole pas à la PBHS. Derrière les hauts murs en brique rouge, nous voilà immédiatement transportés dans une ambiance de lycée privé britannique : boiseries sombres, colonnes en stuc, hall d'entrée majestueux dans le plus pur style néoclassique. Les cours sont donnés en anglais (et non en afrikaans), les matchs de cricket et de rugby se disputent dans les immenses stades verdoyants qui entourent l'établissement. «Notre objectif était d'aider les élèves à réfléchir *out of the box*, avec un enseignement très holistique», explique Bill Schroder, qui fut directeur du lycée de 1990 à 2010. Depuis sa création, la Pretoria Boys High School a produit des dizaines d'hommes politiques et de sportifs de haut niveau, des écrivains, deux prix Nobel, un de médecine, un autre de chimie. «À partir du milieu des années 1980, la situation dans le pays devint tellement difficile et dangereuse que le lycée était, pour des centaines d'adolescents, une sorte de havre de paix», raconte Bill Schroder.

Cependant, Elon s'ennuie; il en devient presque transparent. Ses anciens camarades de classe avec lesquels nous avons pu discuter n'ont pas vraiment de souvenirs saillants de l'adolescent. Doté de sa logique imparable, Elon a une théorie : pourquoi travailler pour obtenir de bonnes notes en anglais, en géographie ou en histoire, quand la moyenne suffit ? Alors, il fait le minimum pour ne pas redoubler. Seules les mathématiques et les sciences le passionnent. «Je me rappelle un garçon extrêmement intelligent. Un matin, il est venu me parler de la série de science-fiction *Star Trek* et, quelques jours après, il est arrivé en classe avec un projet de fusée et une maquette impressionnante», raconte aujourd'hui Daniela Rampazzo, son ancienne professeure de physique-chimie.

Par ailleurs, l'école se déclare ouvertement contre l'apartheid; un sondage est même organisé parmi les parents pour savoir si elle pourrait être ouverte aux enfants non blancs : 90 % des participants y sont favorables. Mais il faut attendre 1992 pour que l'établissement accueille ses premiers élèves noirs. Elon aura alors quitté la PBHS depuis quatre ans. « Quand Musk était élève, un seul Noir était autorisé à fréquenter l'école, il s'agissait de Stanley Netshituka, le fils d'un diplomate du Venda, un bantoustan, une sorte de territoire semi-autonome », se souvient Bill Schroder. Les deux garçons se parlent-ils, à cette époque ? Deviennent-ils proches ? Deux journalistes du *New York Times* affirment dans une enquête parue en mai 2022[1] que Musk se serait lié d'amitié, à la fin du lycée, avec le cousin de Netshituka. Quand ce dernier meurt percuté par une voiture en 1987, Musk aurait été l'un des seuls Blancs présents à l'enterrement…

Pendant toutes ces années, Elon Musk étouffe à Pretoria. Chaque soir, ce sont des disputes sans fin, le fils suppliant son père d'immigrer aux États-Unis. « L'Afrique du Sud était une prison pour quelqu'un comme Elon[2] », assure Kimbal au journaliste Ashlee Vance. En 1988, un cadeau tombe du ciel : une nouvelle loi votée à Ottawa permet à sa mère de transmettre à ses enfants la nationalité canadienne. Quelques semaines pour obtenir un visa, un billet d'avion acheté à la va-vite, et Elon fuit son pays de naissance après quelques semaines seulement à l'université de Pretoria.

1. John Eligon et Lynsey Chutel, « Elon Musk left a South Africa that was rife with Misinformation and White Privilege », *New York Times*, 5 mai 2022.
2. Ashlee Vance, *Elon Musk*, *op. cit.*, p. 47.

En 2012, lors d'une campagne de levée de fonds auprès d'anciens élèves, Bill Schroder tente de prendre contact avec Musk. Ce dernier ne daigne pas lui répondre personnellement et le laisse aux mains de son assistante. Il verse néanmoins un million de dollars pour aider à la construction d'un nouveau bâtiment. L'ancien directeur a essayé par la suite de le joindre plusieurs fois, sans succès. Musk a passé trente ans à se débarrasser de son passé sud-africain, à gommer toutes ces années noires. Seul parfois son accent le trahit. L'actuel directeur adjoint de la Pretoria Boys High School, John Ilsley, le regrette. « Nous adorerions qu'il vienne parler aux élèves, ne serait-ce qu'une fois. Ici, Elon est une icône », affirme-t-il. Musk n'a quasiment jamais remis les pieds en Afrique du Sud.

Quand il débarque à Montréal en juin 1988, fuyant presque son pays natal, personne ne l'attend vraiment. Un lointain cousin qui habite le Saskatchewan l'accueille dans son ranch. Lui, Elon, le gosse de riche, multiplie les petits boulots pendant plusieurs mois, travaille dans les fermes environnantes ou découvre l'art de la tronçonneuse dans les immenses exploitations forestières. Loin de son père et de cette Afrique du Sud rétrograde et violente, le jeune homme respire enfin. Au bureau du chômage où il se présente, Musk se dit prêt à faire les tâches les plus difficiles, pourvu qu'il soit bien payé. On lui propose alors un contrat de nettoyage de la chaudière d'une scierie pour dix-huit dollars de l'heure, un très beau salaire pour un jeune émigré sans diplôme. Il raconte : « Nous devions enfiler une combinaison de sécurité avant de nous glisser dans un petit tunnel de sécurité. Puis, munis d'une pelle, nous prenions le sable, les boues et autres résidus encore fumants pour les déverser à travers le trou par lequel nous étions entrés. Aucune échappatoire. Il fallait que quelqu'un, de l'autre côté, les charge dans une brouette. Si vous restiez là plus de trente minutes, la chaleur vous tuait[1]. » Au début de la semaine, ils sont une trentaine de gros bras à avoir signé... ils finissent à trois. Musk est l'un d'eux, éreinté, les muscles tétanisés, mais persuadé que c'est dans le travail, même le plus dur physiquement, que se trouve la porte de sortie. Toutefois, quand sa mère, son frère et sa sœur le rejoignent au semestre suivant, il décide de retourner sur les bancs de l'université.

Avec son frère Kimbal, ils choisissent la Queen's University de Kingston. Trois ans plus tard, grâce à une bourse d'études, Elon franchit la frontière américaine et intègre la Pennsylviana University – Penn –, l'une des plus anciennes et des plus prestigieuses facultés américaines. Dans ce temple de la Ivy League, parmi les étudiants bien nés de la côte Est, il passe deux années classiques d'étudiant fortuné, alternant beuveries dans les fraternités, comme on appelle les clubs d'étudiants, et travail acharné à la bibliothèque. Il se fait peu d'amis et cultive ses marottes. En décembre 1994, en réponse à un professeur qui demande à ses élèves de peaufiner un *business plan*, il développe une analyse sur la création d'une station solaire spatiale. Dans un autre

1. Ashley Vance, *Elon Musk*, *op. cit.*, p. 50.

devoir, il présente un projet de supercondensateur qui permettrait de stocker des quantités d'électricité bien supérieures aux batteries classiques. À chaque fois, il brille par sa capacité à transposer des concepts physiques élaborés en modèles économiques viables. Son double diplôme d'économie et de physique en poche, il s'inscrit à Stanford en doctorat… il n'y reste que deux jours. Entre-temps, il a découvert le monde des start-up et de la Silicon Valley. Musk en est convaincu : l'avenir est en train de s'écrire en Californie, et non dans les laboratoires de recherche de l'université. L'explosion d'Internet, voilà ce qui le passionne. Comme d'habitude, Kimbal le suivra comme son ombre.

Dans l'hagiographie muskienne, les premiers pas des deux frères dans le monde sont fulgurants, les millions pleuvent. En 2002, les ventes des parts d'Elon Musk dans PayPal lui rapportent 180 millions de dollars, aussitôt réinvestis dans SpaceX et le rachat de Tesla. Tout cela est véridique, certes, mais Musk a aussi une façon de réécrire l'histoire. Une façon de taire les rebuffades et les échecs. Ce qu'il garde sous silence, c'est qu'il est remercié, bouté hors des deux premières entreprises qu'il a créées, Zip2 et X.com (l'ancêtre de PayPal). Dans les deux cas, ses excès, sa méthode, ses audaces lui jouent des tours et font peur. Il en retient deux leçons : tout faire pour ne pas se mettre dans la main des financiers d'une part, et rester le seul pilote d'autre part.

Début 1995, au 430 Sherman Avenue, à Palo Alto, dans le studio lilliputien que les frères Musk ont loué, ils sont comme deux oisillons tombés du nid. Ils ont bien effectué quelques stages dans des start-up voisines, mais ils ne connaissent personne et n'ont aucun relais. Pourtant, ils ont une ambition dévorante, un culot monstre et surtout une idée : créer une sorte d'annuaire électronique géolocalisé. Global Link Information Network est né. Les premiers mois sont balbutiants ; en une poignée de semaines, ils ont englouti les 30 000 dollars donnés par leur père. Maye, dont la carrière de top model n'a pas encore décollé, injecte, elle aussi, ses maigres économies dans la start-up de ses deux fils : 1 000 dollars en tout. Mais ils ont besoin de beaucoup plus pour se développer rapidement. C'est là que les affaires se gâtent.

Début 1996, un des plus gros capitaux-risqueurs de la Valley, Mohr Davidow, décide d'investir 3 millions de dollars dans la pépite de ces deux Sud-Africains au projet visionnaire, sauf que les financiers décident de changer le business model. La start-up Global Link est alors rebaptisée Zip2 et elle ne développe plus un site qui renseigne directement les consommateurs, mais plutôt un progiciel vendu aux journaux. Libre ensuite à ces derniers de réaliser leur propre répertoire électronique de restaurants, de garagistes ou de coiffeurs. Elon Musk s'oppose à cette idée, mais il n'a plus la main. Les financiers ont pris le contrôle des opérations et l'ont relégué au rang de directeur technique. C'est un vieux briscard de la Silicon Valley, Rich Sorkin, qui est nommé directeur général. Tout oppose les deux hommes. La stratégie, d'abord : Sorkin lorgne l'argent des éditeurs de presse, alors que Musk tient à s'adresser directement aux consommateurs. La méthode, ensuite : Musk veut aller vite et fort, inventer un nouveau modèle, quand Sorkin joue la prudence, et se borne à répliquer sur Internet la vieille recette des offres d'emploi et des annonces immobilières qui ont fait la fortune des journaux papier traditionnels. Le divorce est prononcé en avril 1998, quand Sorkin compte faire fusionner Zip2 avec son principal concurrent. Le mariage ne se fait pas et Sorkin est débarqué. Musk espère alors récupérer sa couronne de P.-D.G., mais le conseil d'administration n'a pas confiance dans ce grand gaillard dégingandé et met son veto. En février 1999, Zip2 finit par être vendu pour 307 millions de dollars au fabricant d'ordinateurs Compaq Computer. Elon et Kimbal empochent respectivement 22 et 15 millions de dollars. Beaucoup s'en seraient satisfaits. Mais pas l'aîné des frères Musk. Aigri, il fait partout savoir que ces financiers carnassiers n'ont rien compris et n'ont aucune vision stratégique.

Au tournant du millénaire, à l'âge de 27 ans, Musk n'a aucune envie de dépenser sa fortune en buvant des *long drinks* sur les plages dorées du Pacifique. Certes, il s'amuse à jouer les parvenus, s'achète un immense appartement dans le quartier le plus huppé de Palo Alto et s'offre un coupé McLaren pour 1 million de dollars. Mais cette fois, il a les millions nécessaires pour ne pas dépendre – en tout cas pas tout de suite – de ces fonds d'investissement qui imaginent le futur avec les lunettes du passé.

Dans la Silicon Valley, on croit à l'avènement d'un monde nouveau et Musk décide de réinventer la finance. Il n'ambitionne pas de créer une nouvelle banque en ligne, mais une entité qui regrouperait toutes les facettes de la finance : comptes à vue, comptes d'épargne, transactions boursières, assurances, prêts hypothécaires, crédits à la consommation, transferts d'argent... Il a même en tête le nom, le plus simple possible, l'URL «le plus cool d'Internet», s'enthousiasme le jeune homme : X.com. Il investit 12,50 millions de dollars dans son entreprise. Une folie, soutiennent ses amis de l'époque. Les plus gros fonds d'investissement de la place se pressent, malgré l'échec relatif de Zip2. Musk les dédaigne. En gardant le contrôle financier de l'entreprise, il ne risque pas de se faire mettre sur la touche. Surtout, cette prise de risque lui permet de recruter des grosses pointures de la finance séduites par son audace. Très rapidement, il met sur pied une équipe de guerriers, embauche deux financiers canadiens aguerris : Harris Fricker et Christopher Payne. La première étape de leur projet est titanesque : créer un système d'échange d'argent de personne à personne, uniquement grâce à l'adresse électronique du destinataire. Révolutionnaire.

Déjà à cette époque, travailler avec Musk n'est pas une sinécure. Le jeune millionnaire n'aime pas la controverse, les opinions opposées, la confrontation. On ne dit pas non à Elon. Quelques mois suffisent pour que l'équipe explose : Musk se retrouve seul face au casse-tête de la réglementation bancaire qui rend son grand projet financier bien plus difficile à créer. Or, la concurrence est rude. Non loin de là, à Palo Alto, deux autres cerveaux sont en train d'ébaucher un projet concurrent : Peter Thiel et Max Levchin ont créé Confinity, une start-up qui cherche, elle aussi, à révolutionner les systèmes de paiement.

Pendant des mois, les deux équipes se font une guerre sans relâche, avant de décider d'unir leurs forces en mars 2000 : Musk, qui a l'argent, devient le premier actionnaire de la boîte et en prend la présidence. X.com lève alors 100 millions de dollars auprès de la Deutsche Bank et de Goldman Sachs. Mais deux *ego* boursouflés dans une même pièce, c'en est un de trop. Profitant d'une absence de Musk à l'occasion de son voyage de noces, Thiel retourne le conseil d'administration et destitue son président. C'est l'un des coups d'État capitalistiques les plus violents de ces dernières décennies.

Le Sud-Africain reste le premier actionnaire de l'entreprise, qui change de nom pour devenir PayPal, mais il perd son poste de P.-D.G. Pire, il est relégué au rang de simple conseiller. Musk en gardera une amertume immense. Pendant une longue période, il ronge son frein mais conserve ses actions. Quand PayPal est revendue en 2002 pour 1,5 milliard de dollars à eBay, il empoche 180 millions. À l'aube du nouveau siècle, l'homme est certes encore plus riche qu'avant, mais il a échoué. Il n'a révolutionné ni la finance ni Internet.

3

La revanche dans la peau

Pour une fois, Elon Musk est resté muet. Il n'en a pas fait des tonnes et ne s'est pas laissé emporter par son *ego* débordant. Peut-être même a-t-il été touché. Lui, le gamin timide et secret de Pretoria, rangé parmi les enfants à problèmes à l'école primaire, a rejoint l'Olympe. Nous sommes le 13 décembre 2021 et toute l'élite du monde des affaires et de la politique découvre la une du prestigieux magazine américain *Time*. Le turbulent patron de Tesla et de SpaceX vient d'être nommé « personnalité de l'année ». Alors qu'il a tant de mal à laisser transparaître la moindre émotion et qu'il ne cesse de surjouer – jusqu'à se montrer grotesque et grossier –, il répond tout simplement sur Twitter : « Merci. » Sous une lumière dorée, le visage en gros plan du tycoon de la tech occupe la couverture du numéro : barbe de deux jours, sourcils broussailleux, lèvres pulpeuses, yeux gris-bleu dans le vague… comme toujours.

Avant lui, seuls six grands patrons ont reçu la prestigieuse distinction depuis 1927, date à partir de laquelle le magazine se livre à l'exercice : Walter Chrysler, fondateur de Chrysler, en 1927 ; Harlow Curtice, président de General Motors, en 1955; Ted Turner, fondateur de CNN, en 1991 ; Andrew Grave, patron d'Intel, en 1997; Jeff Bezos, fondateur d'Amazon, en 1999 et Mark Zuckerberg, fondateur de Facebook, en 2010. Cette «grande presse», qui l'a méprisé et qui s'est tant de fois moquée de lui ces deux dernières décennies quand ses fusées ne décollaient pas, s'incline enfin. «Peu d'individus ont autant d'influence que M. Musk sur la vie sur Terre et potentiellement aussi sur la vie en dehors de la Terre», écrit alors le rédacteur en chef du *Time*, Edward Felsenthal. Musk boit du petit-lait : ils n'ont pas cru dans ses projets, ils ont scruté le moindre de ses faux pas, ils ont prédit des dizaines de fois sa faillite.

Mais en 2021, le milliardaire tutoie les étoiles. Il est devenu l'homme le plus riche de la planète, grillant la politesse à Bill Gates, avec lequel il n'a guère d'atomes crochus. Le Model 3 de Tesla est cette année-là le véhicule électrique le plus vendu au monde, tous modèles confondus. Il a livré deux fois plus de voitures dans le monde en 2021 qu'en 2020, malgré la pandémie et la crise des semi-conducteurs qui a paralysé une partie de l'industrie automobile mondiale. Avec SpaceX, ses fusées ont renvoyé à l'âge de pierre tous ses concurrents, et notamment la fierté européenne, Ariane. Même Jeff Bezos, qui nourrit aussi de grandes ambitions dans le domaine spatial avec Blue Origin, ne tient pas la comparaison. Cette année-là, le milliardaire fantasque, visionnaire et brutal a gagné tous ses paris.

Musk est un personnage de roman, la combinaison d'un Rastignac et d'un Edmond Dantès, propulsé dans un *comics* dont il est le superhéros. La création du mythe muskien est d'abord une histoire de revanche, celle du garçon gringalet qui s'est fait battre à mort par ses camarades de classe à Pretoria. Dans cette Afrique du Sud violente, machiste et raciste des années 1980, il n'y avait pas de place pour un rêveur surdoué qui occupait son temps à lire, à coder sur son ordinateur, à bricoler des maquettes de fusées plutôt qu'à jouer les gros durs sur les terrains de rugby. Au collège et au lycée, les autres adolescents se détournaient d'Elon, raillaient ses lubies et ses moments d'absence. En réaction, il s'est progressivement fait oublier, a rongé son frein, flirtant avec la dépression. Ainsi, lorsqu'il décroche le Graal d'homme de l'année en 2021, il les toise tous, ignore les sollicitations de ses anciens directeurs d'école, si fiers d'afficher la consécration d'un de leurs élèves.

Le parcours de Musk, c'est aussi une revanche sur l'élite bien-pensante des grandes universités américaines de la Ivy League, qui s'est moquée de son accent trop prononcé et de ses manières rustres. Une revanche sur les grands fonds d'investissement et la finance de Wall Street, qui se prosternent aujourd'hui devant lui, mais qui, à deux reprises, ont réussi à lui ôter les commandes des premières sociétés qu'il a créées. Une revanche, enfin et surtout, sur ces ingénieurs du «monde d'avant», qui ont haussé les épaules lorsqu'il détaillait ses projets extravagants. Ils ont ri, mais se sont fourvoyés, ces seigneurs de l'industrie spatiale, notamment européenne. Ils l'ont tellement méprisé, ces dinosaures de l'industrie automobile, biberonnés aux énergies fossiles ! En moins de deux décennies, Elon Musk les aura tous ridiculisés. Écrasant à plate couture les premiers, forçant les autres à se réinventer, à marche forcée. Aujourd'hui, certains s'en mordent les doigts, quand d'autres essaient de combler leur retard. Tous scrutent en permanence le moindre signe de défaillance.

C'est sans doute en Europe que la claque est la plus amère. Le Vieux Continent, si fier du succès de sa fusée Ariane, est tombé de son piédestal. Sous l'effet d'une concurrence tarifaire et technologique imparable, les Européens ont mordu la poussière. En 2022, Ariane 5 a réussi trois lancements seulement, contre soixante et un pour le Falcon 9. Rarement un leader industriel aura été aussi vite dépassé, comme si Ariane avait, elle aussi, été victime du syndrome Kodak, le géant japonais, qui a été désintégré par la révolution de la photo numérique qu'il n'a pas vu venir et qu'il a longtemps dénigrée.

Pourtant, Elon Musk les avait prévenus. En 2004, lors d'un colloque organisé à Paris sur l'avenir de l'industrie spatiale, le milliardaire se présente, goguenard et fanfaron. Il lance à cette occasion à la figure des caciques européens du secteur : « Dans dix ans, vous êtes tous morts », ce à quoi l'un des patrons du Centre national d'études spatiales (Cnes) répond froidement : « Faites d'abord décoller vos fusées », avant de tourner les talons. Musk enrage et il va leur prouver qu'elles vont bien décoller, ses fusées. Le 28 septembre 2008, alors que SpaceX est à court d'argent, le Falcon 1, un engin de 27 tonnes et de 420 kilos de charge utile, s'envole enfin depuis un atoll perdu des Caraïbes. Certes, il aura dû s'y reprendre à trois fois. Trois essais infructueux qui se sont soldés à chaque fois par une explosion de l'engin, quelques secondes après le décollage. C'est à Omelek, un caillou isolé au milieu des îles Marshall, situé à la verticale de l'Équateur, qu'il a construit, dans le plus grand secret et à la va-vite, son pas de tir. Les pontes de la Nasa l'ont, eux aussi, méprisé, et l'Agence américaine a refusé de lui donner accès à ses infrastructures de Los Angeles. Pragmatique, elle change rapidement d'avis : trois mois après le lancement réussi du Falcon 1, SpaceX signe un contrat de 1,6 milliard de dollars avec la Nasa. Abreuvée par l'argent du contribuable américain, l'entreprise va s'agrandir, perfectionner sa fusée, quitter Omelek pour rejoindre cap Canaveral. Le 4 juin 2010, Musk tient sa première revanche : le Falcon 9, un monstre haut de 55 mètres, de 3,6 mètres de diamètre et qui pèse 333 tonnes, illumine le ciel de Floride. Toutes les composantes – coiffe, avionique et même moteur – ont été conçues et assemblées par SpaceX, en son siège d'Hawthorne dans la banlieue de Los Angeles, un système aux antipodes de celui d'ArianeGroup, mais tellement plus agile, efficace et économique.

Quelle a été l'attitude des Européens pendant ce temps-là ? Ils ont regardé ailleurs. « L'industrie spatiale européenne a été victime de son arrogance, incapable de penser que son modèle pouvait être remis en cause », avoue aujourd'hui Philippe Clermont, un spécialiste du domaine spatial, ancien de la Direction générale de l'armement et coordinateur au Cnes. Ce modèle, c'est celui d'un partage industriel complexe entre tous les acteurs européens, qui implique que la production de la fusée soit éclatée sur une dizaine de sites en Europe, en France et en Allemagne notamment. La règle dite du «retour géographique», selon laquelle chaque État a droit à un retour industriel sur son territoire en fonction de l'investissement dans le développement du lanceur, s'est révélée extrêmement pénalisante quand, en face, SpaceX construit tout sur un même lieu, et met en place une intégration verticale révolutionnaire. «Je ne veux pas faire le procès des Européens, mais pendant toutes les années 2000, nous avons été très focalisés sur le fait de fiabiliser Ariane 5. Des années de consolidation, et pas d'innovation majeure», souffle Stéphane Israël, le président exécutif d'ArianeSpace. Les innovations, c'est Musk qui les a fait éclore dans l'indifférence complète de ses concurrents européens. Pourquoi laisser sombrer ses fusées dans la mer après chaque lancement? «C'est comme se débarrasser d'un Boeing 747 à chaque fois qu'il a traversé l'Atlantique», affirme l'ingénieur.

En 2014, de nouveau, il prévient ses concurrents. Lors d'une conférence donnée à l'Institut de technologie du Massachusetts, il explique : «La réutilisation des lanceurs est l'étape décisive pour passer au niveau supérieur.» Réutiliser un lanceur? Stupeur et ricanements en Europe. «C'est faux de dire que nous n'y avons pas cru. Ce n'est pas Musk qui a inventé cette technologie. Depuis quinze ans, les chercheurs du Cnes travaillaient sur l'idée d'atterrir verticalement et de réutiliser une partie du lanceur. Sauf que les Européens n'ont pas vu l'intérêt économique à le faire, car nous n'avions pas le volume de commandes», plaide aujourd'hui Philippe Baptiste, président du Cnes.

Elon Musk aurait pu tout perdre sur ce pari. Encore une fois, il a frôlé la catastrophe, mais a réussi à faire mentir les Cassandre : deux ans seulement après avoir annoncé cet objectif, il parvient, le 8 avril 2016, à faire apponter le premier étage de son lanceur sur une barge autonome, baptisée *Of Course I Still Love You*, positionnée au large de cap Canaveral. En Europe, on continue de balayer la prouesse technologique. Surtout, pour contrer les avancées de SpaceX, on abat la carte de la fiabilité d'Ariane : avec la fusée européenne, pas d'explosion en plein vol. Aucun risque pour le client. De fait, le 1er septembre 2016, le lanceur Falcon 9FT n° 29, qui embarque un satellite de télécommunication israélien d'une valeur de 200 millions de dollars, explose au décollage... Tout le pas de tir est détruit. Les Européens jubilent : eux ne cassent pas les joujoux du client.

La sécurité d'Ariane contre le prix ultra-compétitif de SpaceX ? L'argument financier finit par l'emporter, d'autant plus facilement que la réponse européenne n'est pas à la hauteur. Avec l'Agence spatiale européenne et le Cnes, ArianeGroup se lance, dès 2014, dans la conception d'Ariane 6 avec un objectif : réduire le coût de production en multipliant les économies d'échelle, mais sans rupture radicale. Le deuxième étage de la fusée utilisera un moteur plus performant, qui pourra être rallumé plusieurs fois, mais Ariane 6 ne sera pas réutilisable comme le Falcon 9. Pire, au fil des années, les retards s'accumulent et le Covid-19 n'y est pas pour grand-chose. Alors que les concepteurs d'Ariane 6 avaient imaginé un premier lancement en 2020, ils annoncent en octobre 2022 que le premier vol inaugural de leur nouveau fleuron n'interviendra pas avant le dernier trimestre 2023… au mieux. Ils auront mis une décennie pour peaufiner une fusée déjà technologiquement dépassée lorsqu'elle décollera.

Dans l'automobile aussi, la revanche de Musk sur ses détracteurs est implacable. Pour tous les constructeurs nés au début du XXe siècle, la vie sans pétrole n'était tout simplement pas possible. Tant de fois, les prévisionnistes ont annoncé la fin de l'or noir et le fameux *peak oil*, date à partir de laquelle la décrue de la production mondiale d'hydrocarbure serait inéluctable. Mais, à chaque fois, le progrès technique, l'exploration offshore, la révolution des schistes bitumineux et de la fracturation hydraulique ont repoussé les limites. L'addiction a été largement entretenue par les grandes majors pétrolières et, de manière cynique, par les États, dont les taxes sur les ventes d'essence ont rapporté gros pendant des décennies.

Pourtant, l'automobile est née électrique. Le tout premier véhicule électrique voit le jour en 1834, et son berceau n'est pas l'Amérique, mais la France. En 1859, le physicien Gaston Planté invente le premier accumulateur électrique : en clair, une batterie au plomb. Un peu plus de deux décennies plus tard, un autre ingénieur français, Camille-Alphonse Faure, perfectionne la technique et met au point une batterie plus efficace qui permet le développement industriel du véhicule électrique. À la veille du nouveau siècle, la Jamais Contente bat le record mondial de vitesse, approchant les 100 kilomètres à l'heure ! À New York, l'Electric Vehicle Company exploite jusqu'à mille taxis électriques, qui sillonnent les rues de la Grosse Pomme. Mais la révolution fordiste du début du XXe siècle balaye tout sur son passage, mettant fin à l'aventure pour plusieurs décennies. La production à la chaîne, l'autonomie supérieure du moteur thermique, le poids plus léger du véhicule et l'explosion de la production pétrolière précipitent le changement de paradigme.

Paradoxalement, Musk a fait le pari inverse d'Henry Ford pour révolutionner le marché. En 1908, le second a chamboulé le secteur avec la Ford T, en massifiant la production, en démocratisant la machine et en la rendant accessible à tous. Des décennies plus tard, le milliardaire a fait le chemin opposé en partant d'une niche, celle du luxe, et des petits volumes.

Évidemment, comme dans le domaine spatial, les vétérans de l'automobile, en particulier américains et européens, n'ont pas cru à sa stratégie. D'abord, parce que pour produire des voitures, il faut construire des usines, ce qui demande immensément plus de capitaux que pour développer une plateforme sur Internet. Ensuite, parce que les tentatives de relancer une filière électrique dans la seconde partie du XXe siècle se sont toutes soldées par des semi-échecs. Certes, le premier choc pétrolier, en octobre 1973, a réveillé l'appétit électrique.

En Floride, l'entreprise Sebring Vanguard commercialise, en 1974, la CitiCar, une sorte de minivoiture électrique à deux places, affichant une autonomie de 65 kilomètres et une vitesse de pointe de 60 kilomètres à l'heure. Mais au royaume des grosses Chevrolet, le ratage est retentissant. En Europe, Renault produit aussi une version électrique de la R5 qui n'est jamais commercialisée.

Il faut attendre la fin des années 1990, avec l'émergence des préoccupations environnementales et le durcissement des normes, pour que le véhicule «propre» apparaisse réellement : d'abord par le biais des voitures hybrides – couronnées par le succès de la Toyota Prius au Japon en 1997 –, puis, en 2008, par la Nissan Leaf, le premier véhicule 100 % électrique commercialisé au monde... quelques mois avant le roadster rouge de Tesla. Deux visions de la voiture, la nipponne, aux allures très conventionnelles, et la petite Tesla provocante, aux vitesses de pointe impressionnantes, s'affrontent. Le terreau était mûr. Musk a surfé sur la vague, incarnant, par ses lubies et sa démesure, la nouvelle révolution automobile.

À deux reprises au moins, il aurait pu tout couler. Comme avec SpaceX, le patron a joué avec le risque, repoussé les limites, tutoyant en permanence les interdits.

La première fois a lieu en 2008, quand il doit enfin livrer ses premiers roadsters. 1 200 véhicules sont en précommande, mais le constructeur est à court d'argent pour faire tourner son usine. La crise financière a rendu frileux les investisseurs. Kimbal, le frère d'Elon, a perdu une grande partie de sa fortune et ne peut plus injecter le moindre centime dans l'entreprise. Or, Tesla consume 4 millions de dollars par mois, et la trésorerie est à sec. La presse se déchaîne : la célèbre émission britannique *Top Gear* brocarde le véhicule, et un site web baptisé Truth about Car consacre des dizaines d'articles à prédire la mort de Tesla. Les géants mondiaux de l'automobile, eux, n'accordent même pas d'attention à ce nain californien. Aucun d'entre eux ne pense à mettre la main sur le petit constructeur au bord de l'asphyxie. Fin 2008, Musk l'ingénieur se métamorphose en requin de la finance. Mieux, en joueur de poker. Tandis qu'il effectue un énième tour des investisseurs de la Silicon Valley, il joue son va-tout pour les convaincre. Avec l'accord de la Nasa, qui a largement financé l'entreprise spatiale, il emprunte auprès de SpaceX pour renflouer Tesla. Quelques heures avant Noël, alors qu'il ne reste plus que quelques centaines de milliers de dollars sur les comptes du constructeur et qu'il est incapable de payer les salaires de la fin de la semaine, il verse 12 millions et une poignée d'investisseurs fournissent le reste. Un culot prodigieux, qui en dit long sur les nerfs du personnage. Le roadster est sauvé. Tesla aussi.

Entre 2008 et 2012, Musk vend près de 2 400 exemplaires de son bolide carmin. Cela ne semble pas grand-chose, en comparaison des millions de véhicules écoulés chaque année par les mastodontes du secteur, mais il tient sa revanche : il a prouvé à ses pairs qu'une voiture électrique pouvait être désirable. Avec le roadster, il a fait oublier l'image du «pot de yaourt» de la CitiCar... Cette revanche est d'autant plus spectaculaire que Detroit, la Mecque de l'industrie automobile américaine, est au même moment sur le flanc. La crise de 2008 a laissé General Motors en quasi-faillite, croulant sous un passif de 173 milliards de dollars. En juin 2009, l'intervention du gouvernement américain et la nationalisation du constructeur évitent la disparition pure et simple du numéro deux mondial de l'automobile.

Sa deuxième revanche, il la tient en 2012, un peu plus tardivement que ce qu'il aurait aimé. Partie d'une feuille blanche, la Model S, une petite berline de luxe, qui sort cette année-là des usines de Fremont, est un succès. Un succès d'estime, d'abord. La presse spécialisée, qui a longtemps vu ses Tesla comme des ordinateurs sur roues, s'incline. En novembre de la même année, quelques semaines après la première commercialisation, la Model S est sacrée «voiture de l'année» par le magazine *Motor Trend.* Chez tous les constructeurs concurrents, un vent de panique commence à souffler. Dans les laboratoires de General Motors, on monte en urgence une cellule pour étudier le modèle Tesla et passer à la moulinette les méthodes d'Elon Musk. Du côté des Européens, Carlos Ghosn, le P.-D.G. de l'alliance Renault-Nissan, répond en annonçant devenir très rapidement un leader mondial des véhicules grand public n'émettant aucun gaz à effet de serre. En privé, devant une poignée d'investisseurs réunis à New York en juin 2012, il avait concédé que «le développement de l'industrie automobile électrique ne pourra[it] se faire sans des plans de soutien public massifs». Alors que Musk fait rêver avec la Model S puis avec la Model 3, Ghosn commercialise la petite Zoe, fer de lance de la *remontada* électrique de Renault-Nissan. Le patron ambitionne alors de vendre 1,5 million de véhicules électriques d'ici la fin de l'année 2016… Fin 2020, Renault-Nissan n'en aura écoulé que 800 000.

Au cours de la décennie 2010, les constructeurs de l'ancien monde courent après Musk, espérant secrètement que le milliardaire finisse par se prendre les pieds dans le tapis. En 2018, ce dernier leur donne presque raison. La production de masse de la Model 3 vire au cauchemar, les délais explosent, l'entreprise engloutit des millions. Il faut livrer des voitures dans le monde entier, alors que les usines sont implantées, à l'époque, uniquement aux États-Unis. Durant le premier trimestre 2009, Tesla perd 702 millions de dollars… du jamais-vu. Encore une fois, les analystes retournent leur veste et certains prédisent même la banqueroute de Tesla dans l'année. Mais l'acharnement de Musk et de ses équipes leur permet de survivre. Comme à son habitude, il passe les comptes à la paille de fer, licencie 9 % de ses effectifs sur la planète, ferme quasiment toutes les boutiques physiques de Tesla. «Nous sommes passés à un mois de la faillite, cette année-là. Le lancement de la Model 3 a longtemps été extrêmement stressant et douloureux», explique-t-il en 2020, une fois la tempête passée.

En 2022, Tesla a livré près de 1,3 million d'automobiles dans le monde. Certes, au regard des chiffres annoncés par les constructeurs « installés », la marque américaine paraît encore lilliputienne. Mais la tendance est impressionnante. 100 000 voitures produites en 2017, un peu plus de 254 000 en 2018, 365 000 en 2019, 509 000 en 2020 et 930 000 en 2021, soit une multiplication par treize en l'espace de cinq ans !

Aujourd'hui, le modèle fait des émules. Longtemps chef de file, la marque est désormais talonnée sur son propre terrain de jeu, aux États-Unis, où elle a pourtant près de 80 % de parts de marché sur le segment des véhicules électriques. Lucid Motors, dont le principal actionnaire n'est autre que le fonds souverain d'Arabie Saoudite, cherche à concurrencer directement Tesla sur le marché haut de gamme. Tous les constructeurs de la planète sont en train d'électrifier leur panoplie. Il est vrai que la réglementation impose un virage beaucoup plus rapide que ce que nombre de patrons de l'industrie auraient souhaité : en Europe, les véhicules thermiques neufs ne seront plus autorisés à la vente à partir de 2035. Les constructeurs chinois, notamment Wuling et BYD, sont en embuscade avec des voitures électriques à moins de 15 000 dollars. Sur l'ensemble de l'année 2022, les importations européennes de véhicules électriques *made in China* ont été multipliées par deux et demi. Musk, lui, parie sur son avance technologique, sur les quantités de données accumulées au cours des années passées pour concentrer l'innovation sur la mobilité autonome. Tant pis si son Autopilot (pilote automatique), le cœur de la voiture autonome, essuie de cuisants échecs.

Qui aurait pu croire qu'en deux décennies, Elon Musk révolutionnerait deux des secteurs les plus technologiques, les plus capitalistiques et les plus fermés de l'industrie mondiale, à savoir l'automobile et le spatial ?

Un homme en particulier y a cru dès le départ : Robert Zubrin, fondateur de la Mars Society, ami et inspirateur de Musk. Selon lui, les journalistes du *Time* n'ont rien compris : Elon n'est pas l'homme de l'année, ni même celui de la décennie. Il aspire à être celui du siècle, affirme Zubrin. Comme il y a eu Thomas Edison, le génial autodidacte de la fin du XIXe siècle, inventeur du phonographe et, surtout, de la lampe électrique à incandescence, il y aura Elon Musk et ses bolides, ses fusées, ses robots… « Ceux qui s'amusent à comparer Musk à Bezos perdent leur temps. Jeff Bezos a certes créé un véritable empire, mais un autre aurait pu réussir la même chose. Avec Musk, c'est différent. Lui seul a l'intelligence, la vision, la capacité de travail pour parfaire le grand dessein qu'il s'est fixé. Depuis notre première rencontre en 2001, il ne cesse de répéter qu'il veut changer le monde et sauver l'humanité », nous a longuement expliqué Robert Zubrin.

Il faut aussi comprendre, à travers cette grille de lecture, son obsession de prendre le contrôle de Twitter. Pour justifier son rachat du réseau social le 31 octobre 2022, Musk a souligné l'absolue nécessité de sauver la civilisation. Rien que ça. Le 29 novembre, dans un tweet laconique dont il a le secret, l'homme a enfoncé le clou : « C'est une bataille pour l'avenir de la civilisation. Si la liberté d'expression est perdue, même en Amérique, la tyrannie est tout ce qui nous attend. » L'arrogance de ces propos n'a d'égale que sa soif d'en découdre. Encore et toujours.

Reste que Twitter est peut-être l'aventure de trop. La presse qui l'avait encensé un an plus tôt se déchaîne, depuis son rachat. Il est vrai que ses débuts de « Twitter en chef » ont été catastrophiques. Son management violent, le licenciement de la moitié des effectifs, ses allers-retours sur la modération des contenus, la suppression puis le rétablissement de comptes de journalistes américains ont laissé des traces. L'une des conséquences immédiates, on l'a vu, a été la fuite des annonceurs. Début 2023, quasiment la moitié des plus gros annonceurs de la planète avaient arrêté – ou décidé de suspendre – leurs dépenses sur le réseau social. Cela pose un problème majeur, quand 90 % des revenus de la plateforme viennent de la publicité. Évidemment, Twitter n'était pas au mieux de sa forme avant que le milliardaire ne l'acquière, mais la cure d'amaigrissement administrée à l'oiseau bleu pourrait lui coûter beaucoup de plumes… Durant l'année 2022, ses pertes auraient atteint près de 4 milliards de dollars, soit 18 fois plus qu'en 2021 !

Mais le problème est ailleurs. Les frasques du milliardaire, ses déclarations à l'emporte-pièce, son soutien affiché au parti républicain lors des élections de mi-mandat à l'automne 2022 finissent par rejaillir sur Tesla, qui demeure la machine à cash de son propriétaire.

Les fortunés de la côte Ouest, qui votent démocrate et fantasment à l'idée de rouler en Tesla, commencent à détourner le regard, même si le constructeur s'est lancé dans une guerre tarifaire pour faire basculer les indécis.

Une enquête réalisée fin 2022 par le cabinet Kelley Blue Book montre qu'aux États-Unis, 64 % des acheteurs potentiels de véhicules électriques envisagent d'acquérir une Tesla, contre 75 % un an plus tôt. Une autre étude, effectuée par la société d'études britannique YouGov.com, révèle que, pour la première fois depuis des lustres, les opinions négatives sur la marque Tesla dépassent désormais les opinions positives. Mais c'est en Bourse que ce désamour coûte le plus cher. L'action Tesla, gonflée à l'hélium – elle a été multipliée par douze entre 2020 et 2022 –, s'est littéralement effondrée depuis l'aventure Twitter, chutant bien plus que les autres valeurs technologiques, mais surtout bien davantage que celles de tous les autres constructeurs automobiles de la planète. La richesse de Musk dépendant largement de la valorisation de son entreprise, il a rendu, en 2022, son titre d'homme le plus riche de la planète.

Par-dessus tout, il s'est beaucoup endetté pour racheter à prix d'or le réseau social – 44 milliards de dollars –, et il a dû vendre pour ce faire un très grand nombre d'actions Tesla. Début 2023, il ne détenait plus que 13 % du capital du constructeur, contre 22 % un an plus tôt. Certes, par un système opaque de « supermajorité », il détiendrait encore une part importante de droits de vote. Mais en coulisses, les couteaux s'affûtent. Les actionnaires importants commencent à se sentir délaissés par leur médiatique patron trop accaparé par Twitter. Comme aux pires épisodes de l'histoire du constructeur en 2008 et en 2018, la grogne enfle. « Tesla a besoin et mérite d'avoir un P.-D.G. qui travaille à plein temps », a lancé, en décembre 2022, le milliardaire indonésien KoGuan Leo, troisième plus gros actionnaire individuel du constructeur. À trop mépriser ses actionnaires, Musk risque gros. D'autant que, le 1er mars 2023, lors de la conférence annuelle baptisée Tesla Investor Day, aucune innovation majeure ni annonce fracassante n'a été faite. En l'espace de quelques mois, Elon Musk est passé de l'« homme de l'année » à l'« homme qui fait peur ». Il risque bien de devenir désormais l'« homme à abattre ».

4

La méthode Musk

Il faisait si bon vivre chez Twitter… Aux jours heureux, le réseau social était comme un petit nid douillet pour ses salariés : des rémunérations généreuses, la possibilité d'être en télétravail à l'autre bout de la terre, si bon leur semblait, un jour de congé mensuel offert par l'entreprise pour se remettre du stress lié au Covid, des paniers repas gargantuesques et gratuits pour nourrir, le soir venu, toute la maisonnée… et surtout, un rythme de travail des plus raisonnables. « On avait des échéances pour les projets bien sûr, mais si on dépassait d'un mois ou deux… disons que personne ne s'affolait », confie un ancien Tweeps, comme se surnomment entre eux les employés de la plateforme. À San Francisco, où se tient le siège de Twitter, ces salariés faisaient figure de privilégiés, pour ne pas dire d'enfants gâtés. Mais ça, c'était avant. Avant qu'Elon Musk ne rachète pour 44 milliards de dollars son joujou préféré, qu'il licencie *manu militari* le directeur général, Parag Agrawal, le directeur financier et la responsable des affaires juridiques, qui avaient osé s'opposer à lui, et qu'il prenne les rênes de l'entreprise, entouré de sa garde rapprochée, pour redéfinir à la hussarde le plan de vol de la plateforme.

Nous sommes à quelques jours d'Halloween, et, dans les rangs des employés de Twitter, on pressent que la vraie terreur n'arbore pas une tête de citrouille édentée ni un masque de zombie, mais promène sa grande carcasse dans un simple jean et un tee-shirt noir mal ajusté. Une angoisse sourde qui se matérialise très vite. Le vendredi 4 novembre 2022, les e-mails de remerciement pleuvent par centaines. Aux dires du nouveau propriétaire, le réseau social perd chaque jour 4 millions de dollars, et si l'hémorragie n'est pas garrottée, son pronostic vital sera rapidement engagé. Alors Musk fait du Musk. Pour sauver le patient, il ampute : la moitié des 7 500 salariés du groupe à travers le monde doivent plier bagage, *fissa*. Dans le gigantesque complexe Art déco installé sur Market Street, au cœur de San Francisco, l'ambiance oscille entre sidération, colère et désespoir. Les barmen du Northern Ducks, un bar-restaurant branché, situé au rez-de-chaussée du bâtiment, voient défiler les Tweeps, venus noyer leur chagrin dans les vapeurs d'alcool. Certains des managers chargés d'appliquer au pas de charge le plan de licenciement craquent. Le *New York Times* raconte ainsi comment un responsable de l'ingénierie, à qui l'on vient d'intimer l'ordre de révoquer plusieurs centaines de ses collaborateurs, a tout juste le temps de plonger vers sa poubelle de bureau pour vomir[1].

1. « Two Weeks of Chaos : Inside Elon Musk's Takeover of Twitter », *New York Times*, 11 novembre 2022.

Dans l'immense hall d'entrée du siège, les membres de la sécurité orchestrent comme ils peuvent le bal des salariés qui badgent pour la dernière fois, avant de se faire raccompagner vers la sortie, leurs affaires personnelles entassées à la hâte dans un carton.

C'est peu dire que depuis l'arrivée du milliardaire de 51 ans, le petit nid de l'oiseau bleu est nettement moins douillet. Non seulement la charge de travail des « rescapés » de la grande purge muskienne s'est considérablement alourdie, mais ils ont aussi dû s'initier à la culture *scrappy* chère à Elon, un art de la débrouille, que le natif de Pretoria a propagé dans toutes les entreprises qu'il a créées. Son objectif est bien évidemment d'obliger les Tweeps, habitués à dépenser sans trop compter, à y réfléchir à deux, voire trois fois avant d'engager le moindre frais. Mais il serait hâtif de réduire la culture *scrappy* à un simple *cost killing* un peu corsé. Son idée est aussi de pousser les collaborateurs à être plus imaginatifs, à ne jamais céder à la facilité, à être plus malins, comme l'illustre l'anecdote que nous rapporte Philippe Chain, vice-président de Tesla, chargé de la qualité entre septembre 2011 et décembre 2012 : « Nous étions fin 2011, et, juste à côté de notre usine de Fremont (Californie), se trouvait celle du fabricant de panneaux solaires Solyndra, qui venait de faire faillite. Nous nous sommes dit : ils ont certainement des lampes de simulation solaire pour tester l'efficacité de leurs panneaux, cela pourrait valoir le coup d'y jeter un coup d'œil », raconte le cofondateur de la start-up Verkor. Quelques coups de téléphone plus tard, notre homme obtient le feu vert pour aller chercher ce qui l'intéresse dans l'usine Solyndra et part en reconnaissance avec quelques ingénieurs. « Finalement, nous avons récupéré une vingtaine de lampes que nous avons dû payer 50 dollars pièce, alors que, neuve, chacune d'elles coûte au moins 1 000 dollars ! Nous les avons chargées dans nos voitures et, une semaine plus tard, nous avions notre propre chambre solaire pour tester la résistance des Tesla aux rayonnements extrêmes. Normalement, les constructeurs se contentent d'envoyer leurs modèles dans des laboratoires dédiés qui vous facturent la prestation à prix d'or. » Plus de dix ans plus tard, l'évocation de la petite expédition illumine encore le visage de Philippe Chain.

L'art de la débrouille, voire de la roublardise, constitue l'un des grands piliers de ce que l'on appellera peut-être un jour le « muskisme ». La méthode a permis au milliardaire de rendre sa fierté à une industrie américaine défaite et humiliée. Le pays qui a pensé le taylorisme, et inventé à sa suite le fordisme, semblait en effet résigné à ne plus être désormais que le royaume du numérique. Son industrie automobile avait été balayée par de nouvelles méthodes plus agiles, portées d'abord par les marques japonaises, puis par leurs cousines coréennes. Incapables de se réinventer face à cette excellence productive venue d'Asie, les Big Three – General Motors, Ford et Chrysler – n'avaient eu d'autre option que de délocaliser massivement leurs usines de l'autre côté du Rio Grande, au Mexique, à la fin des années 1990. Cette stratégie défensive a détruit au bas mot plusieurs centaines de milliers d'emplois, dont beaucoup se trouvaient dans la fameuse « ceinture de la rouille », où sont situés les trois États clés

– Wisconsin, Michigan et Pennsylvanie – qui offriraient, vingt ans plus tard, la Maison-Blanche au populiste Donald Trump.

Dans le secteur spatial, le tableau était encore plus sinistre. Depuis la retraite, en 2011, de la navette Atlantis, la puissante et arrogante Amérique en était réduite à devoir quémander un strapontin à l'ancien grand ennemi russe, pour que ses astronautes puissent rejoindre l'ISS, la Station spatiale internationale, à bord des fusées Soyouz. La Russie était alors le seul pays encore capable de faire voyager des hommes dans l'espace. L'humiliation a marqué au fer rouge une génération d'ingénieurs américains, d'autant que les Soviétiques maîtrisaient déjà parfaitement les fondements du capitalisme : le monopole autorise toutes les outrances. En moins de dix ans, ils ont fait passer le prix d'un aller-retour de 21 millions à plus de 80 millions de dollars ! Le calice jusqu'à la lie. Alors quand, le 30 mai 2020, une fusée SpaceX est parvenue à envoyer les astronautes Bob Behnken et Doug Hurley vers l'ISS, c'est l'ensemble de l'industrie aérospatiale américaine qui a enfin relevé la tête.

Si la culture *scrappy* est un des grands piliers du muskisme, le *first principle thinking* (la pensée du premier principe) en est la pierre angulaire. L'idée ? Pour résoudre les problèmes les plus complexes, il faut revenir aux principes fondamentaux de la physique. La méthode n'a en réalité pas été inventée par Musk… mais par Aristote, il y a plus de deux mille ans. Le philosophe grec pensait que, pour saisir pleinement tous les aspects d'un sujet, quel qu'il soit, il fallait d'abord étudier et comprendre les principes fondamentaux de ce sujet. Une démarche en vogue dans la Silicon Valley depuis déjà de nombreuses années, mais qui a été poussée à l'extrême par Musk. «Nous traversons la vie en raisonnant par analogie, ce qui signifie essentiellement copier ce que les autres font avec de légères variations. Et c'est ce que vous devez faire. Sinon, mentalement, vous ne seriez pas capable de passer la journée. Mais lorsque vous voulez faire quelque chose de nouveau, vous devez appliquer l'approche des premiers principes», expliquait le milliardaire dès 2013, à l'occasion d'une conférence TED[1]. Un an plus tard, dans une vidéo YouTube, l'entrepreneur étayait sa pensée en prenant l'exemple des batteries électriques. «Les gens disaient : "Historiquement, le kilowattheure coûte 600 dollars, donc il n'y aura pas beaucoup mieux à l'avenir." Avec la méthode des premiers principes, vous vous demandez : "OK, quels sont les composants pour fabriquer une batterie ? " Il suffit alors de réfléchir à des moyens astucieux pour mettre la main sur ces matériaux, puis de les combiner dans la forme d'une cellule de batterie, et vous pouvez alors construire des batteries qui sont beaucoup, beaucoup moins chères.» Cette méthode a notamment permis au *serial* entrepreneur de fabriquer des fusées réutilisables, alors que le microcosme du domaine spatial avait décrété que le concept même n'avait aucun sens. «Au Cnes, on avait balayé l'idée du recyclage : on pensait que la fusée serait tellement

1. «Why Elon Musk wants his Employees to use an Ancient Mental Strategy Called "First Principles"», cnbc.com, 18 avril 2018.

dégradée au retour que cela coûterait une fortune pour la remettre en état de marche. Mais la vérité, c'est que notre analyse ne reposait sur rien, aucune étude n'ayant jamais été commandée pour confirmer ou infirmer notre intuition », raconte, sous couvert d'anonymat, un haut gradé de l'établissement.

A contrario, et c'est un corollaire direct du *first principle thinking*, le Sud-Africain n'hésite pas, lui, à aller au bout de ses idées, à « crash-tester » ses intuitions les plus folles – surtout quand le reste du monde lui martèle que c'est impossible. Cela a donc été le cas pour le concept de la fusée réutilisable, tout comme pour celui de la fabrication de voitures électriques capables de dépasser les 300 kilomètres à l'heure et d'en faire un objet de désir planétaire. La dernière marotte de Musk ? Faire voler et revenir la plus grosse fusée que la Terre et l'espace aient jamais vue, le Starship, un mastodonte haut de 120 mètres, capable de transporter 100 tonnes de matériel ou une centaine d'hommes, indispensable pour son rêve de colonisation martienne. Là où tous les autres industriels du domaine spatial modélisent les scénarios à l'infini, font et refont les tests en laboratoire et ne lancent leur engin à l'assaut des étoiles qu'une fois qu'ils sont sûrs à 99,99 % de sa fiabilité, Musk n'hésite pas à multiplier les tests grandeur nature de prototypes coûtant plusieurs dizaines de millions de dollars. Tant pis si, parfois, ceux-ci s'achèvent par un RUD, un acronyme propre à SpaceX pour signifier *rapid unscheduled disassembly*, et qu'on pourrait traduire par « démontage rapide et non planifié »… bref, par une monstrueuse explosion dans le ciel texan de Boca Chica, où se déploie la Starbase, dans laquelle sont assemblées et testées les fusées. Cela a notamment été le cas en décembre 2020, pour le SN8 (Serial Number 8), qui a raté son atterrissage et s'est violemment écrasé sur le sol, après un « bond » à 15 kilomètres d'altitude. *Bis repetita* en février 2021 pour le SN9 qui, à la suite d'un vol quasi parfait, a mal négocié son atterrissage, terminant sa courte carrière sous la forme d'une gigantesque boule de feu.

Bien évidemment, voir ses fusées partir en fumée ne réjouit pas Elon Musk, mais il sait que ces échecs sont indispensables pour analyser les erreurs, les corriger et arriver *in fine* à faire voler cette «*fucking big rocket*» («p*** de grosse fusée», comme il aime à l'appeler). «C'est quelque chose qu'il a théorisé et qu'il rappelle sans cesse à ses équipes : l'échec est une option. Si vous ne vous plantez pas à un moment, c'est que vous n'avez pas suffisamment innové», raconte Michaël Valentin, auteur du livre *La Méthode Elon. Les 20 tactiques pour métamorphoser un mammouth en licorne*[1]. «J'ai connu un directeur de vol transfuge de la Nasa, qui, par deux fois au moment d'une étape critique, a averti Musk d'un danger possible… Au troisième avertissement, il a tout simplement été viré», nous raconte de son côté l'ancien spationaute français Jean-Jacques Favier[2].

Mais chez Elon Musk, la prise de risque n'est pas toujours aiguillée uniquement par la volonté ferme de réaliser l'irréalisable. Parfois, notre homme se laisse

1. Paris, Dunod, 2023.
2. Jean-Jacques Favier est décédé le 19 mars 2023.

guider par un *ego* démesuré et un désir de plier le monde qui l'entoure à ses désirs… aussi futiles soient-ils, comme nous l'explique un ancien haut cadre de Tesla. «À la fin du printemps 2012, quinze jours avant la livraison des premières Model S, Elon vient me voir et me dit : "On va changer les pneus arrière, et passer de 265 mm à 235 mm." La raison ? Selon lui, c'était plus joli… Mais lorsque vous changez la taille des pneus, cela joue sur la tenue de route, le freinage, la suspension… Mais bon, on ne discute pas les ordres de Musk ! On a donc fait nos calculs ; on s'est rendu compte que c'était possible et que cela améliorerait même la tenue de route. Le gros problème, c'est que cela rendait le système d'antipatinage inopérant. Et on savait qu'un nouveau réglage de Bosch, notre fournisseur à l'époque, prendrait six mois minimum. Je décide donc d'abandonner l'idée d'Elon. Cependant, une semaine après, ce dernier vient me demander où on en est. Je prends des gants pour essayer de lui expliquer la situation, il s'énerve et finit par crier : "*Fuck Bosch !*"» Ainsi, notre interlocuteur prétend que «les premières Model S que l'on a livrées à l'époque avaient un antipatinage qui n'était pas pleinement opérationnel !» Quelques mois plus tard, les ingénieurs Tesla ont fait une mise à jour *over the air* (à distance, comme sur un smartphone), et tout est rentré dans l'ordre.

Un simple processus d'itération pour le milliardaire, qui, comme tous les ingénieurs issus du logiciel, pense qu'il est tout à fait normal d'améliorer le produit après sa vente et d'ajouter quelques «rustines» pour réparer ses éventuels bugs. Cette logique appliquée à l'univers de l'industrie a fait s'arracher les cheveux de nombre de ses collaborateurs. «Je me rappelle que sur les tout premiers roadsters, le premier modèle de Tesla, la finition était assez catastrophique par rapport au standard des voitures haut de gamme. Pour un Européen comme moi qui a fait toute sa carrière dans l'industrie automobile, c'était presque physiquement douloureux! Mais Elon nous répétait qu'on ferait des ajustements au fil de l'eau et que, de toute façon, les Tesla étaient tellement géniales et révolutionnaires que les clients ne prêteraient pas attention aux quelques défauts de conception. Le pire, c'est qu'il avait raison!» raconte un ancien ingénieur Tesla de haut rang. À l'été 2021, dans une interview accordée à Tim Dodd, youtubeur spécialisé dans la vulgarisation scientifique qu'il a longuement reçu sur le site de la Starbase, Musk réaffirme cette obsession de l'amélioration permanente : «Tout ce que vous voyez ici est un travail en cours. Ce qui a été dit la semaine dernière pourrait être faux la semaine prochaine. Il pourrait s'agir d'une erreur, d'une mauvaise communication, ou alors nous avons juste eu une meilleure idée[1].»

Mais il arrive aussi que les intuitions du patron tout-puissant se révèlent mauvaises. Si Musk a bien du mal à reconnaître ses erreurs, face à l'évidence il sait aussi faire machine arrière. Cela a notamment été le cas lorsqu'il s'est mis en tête de pousser à des niveaux jamais atteints l'automatisation de son usine Tesla de Fremont. Nous sommes fin 2017, et la marque de

1. Everyday Astronaut, «Starbase Tour with Elon Musk», YouTube, 3 août 2021.

bolides électriques traverse ce que Musk appellera plus tard « l'enfer de la production ». Pour livrer les 455 000 Model 3 – la première Tesla « accessible », vendue environ 50 000 euros – précommandés à travers le monde, il faut augmenter la cadence en urgence. Or, la fabrication patine sévèrement, rendant hystériques les acheteurs qui sont las d'attendre leur nouveau joujou, et donnant des sueurs froides aux investisseurs, qui se demandent s'ils ne vont pas tout perdre. Dans l'esprit de l'ingénieur Musk, augmenter la robotisation du site permettra de booster la production. Mais c'est tout le contraire qui arrive. Les pannes sur les lignes de fabrication se multiplient, le retard s'accumule et Musk frôle le burn-out. C'est finalement son bras droit, le Français Jérôme Guillen, qui va réussir à rectifier le tir en revenant à des méthodes plus traditionnelles.

Si Musk peut se permettre de faire des pas de côté, d'avancer puis de faire machine arrière, c'est qu'il a imposé dans toutes ses sociétés une intégration verticale poussée à l'extrême. En clair, la majeure partie des éléments constituant ses fusées et ses voitures sont fabriqués en interne, le plus souvent dans une seule et même usine. Nul besoin, donc, d'attendre plusieurs mois pour avoir le retour de tel fournisseur, dès lors qu'il faut modifier une pièce, tester un nouveau réglage, imaginer un prototype…

Ce modèle d'intégration totale allait à contre-courant de tout ce qui se pratiquait au début des années 2000, époque à laquelle l'on vantait les mérites de la sous-traitance à tout-va. Serge Tchuruk, le patron de feu Alcatel – fleuron français, alors numéro un mondial de la fibre optique et géant des télécoms, qui comptait 120 sites industriels et 150000 salariés dans le monde au début des années 2000 –, avait même théorisé la chose. Il rêvait d'une entreprise *fabless* (sans usine). Pour le diplômé de Polytechnique, la vraie valeur ajoutée résidait dans la matière grise, les brevets, et non dans l'assemblage de vis et de boulons qui pouvait aussi bien être délocalisé à l'autre bout de la planète, là où les salaires sont bas et les normes environnementales, inexistantes. Il a ainsi appliqué son plan au pas de charge avec tout l'autoritarisme qui le caractérisait, applaudi par des actionnaires persuadés que la rentabilité pouvait grimper jusqu'au ciel. Une dizaine d'années plus tard, Nokia rachetait pour un quignon de pain les restes d'un groupe subclaquant, devenu Alcatel-Lucent.

Si les géants de l'industrie ont, depuis, refréné leurs fantasmes de *fabless*, le modèle muskien d'intégration verticale fait toujours office d'ovni. Tesla est certainement le seul grand constructeur automobile au monde à fabriquer lui-même ses propres sièges pour ne pas avoir à dépendre d'un prestataire. Il est même allé jusqu'à sécuriser son approvisionnement en nickel et en lithium, deux composants indispensables à la chimie des batteries électriques, en signant des contrats directement avec des géants miniers. Elon Musk se serait même assuré les droits d'exploitation de plus de 4000 hectares de terres argileuses riches en lithium dans le Nevada, en cas de besoin.

Bien sûr, le modèle a ses limites et il est impossible d'être complètement autosuffisant. Mais quand le milliardaire doit s'appuyer sur des équipementiers, c'est toujours à ses conditions. En France, un homme a affronté l'ouragan Musk : c'est le président de Michelin, Florent Menegaux. De ses discussions avec lui, il se rappelle les moindres détails. La première fois, c'était peu avant la sortie de la Model S, en 2012. Menegaux, un jour qu'il est au siège du groupe à Clermont-Ferrand, reçoit un appel direct : «Je voudrais bosser avec vous, mais je veux que vous construisiez une usine à côté de la mienne à Fremont, en Californie», lui lance-t-il, sans s'embarrasser de la moindre formule de politesse. «C'est compliqué, et ce n'est pas notre façon de travailler», répond alors Menegaux. Piqué au vif par l'accueil prudent du Français, Musk lui raccroche au nez. Rebelote, un mois plus tard : «Pourquoi ne voulez-vous pas me vendre des pneus ?» s'agace le patron de Tesla, promettant un chiffre faramineux de commandes. Le problème, c'est que Michelin n'a pas en stock les quantités souhaitées par l'Américain. Une nouvelle fois, Musk s'emballe : «Puisque c'est comme ça, je ne prends rien du tout.» Menegaux découvre alors que Tesla a acheté des lots de pneus Michelin directement sur Internet. Cependant, il s'agit de modèles d'ancienne génération, qu'on ne fabrique plus depuis quinze ans, non adaptés à la puissance de ses bolides électriques, et qui risquent de s'user très rapidement… «Finalement, nous avons réussi à trouver un accord, mais il a fallu s'adapter très vite», raconte aujourd'hui le patron de Bibendum.

Chez SpaceX, même topo. «Près de 80 % des pièces du Falcon 9 et du Dragon – le vaisseau servant à ravitailler l'ISS – sont conçues et produites sous le même toit, dans l'usine d'Hawthorne, à Los Angeles», pointe l'ingénieure française Sibylle Delaporte, qui a travaillé dans l'entreprise entre 2016 et 2017. Un exemple parmi tant d'autres : en 2018, «après s'être approvisionné quinze ans durant en pièces de fonderie chez des fournisseurs, comme tous ses concurrents, avec des délais extrêmement longs, des tarifs prohibitifs et des résultats pas toujours à la hauteur, SpaceX s'est construit sa propre fonderie, la plus perfectionnée au monde», raconte-t-elle. Depuis, grâce à d'immenses imprimantes 3D, les ingénieurs maison sont capables de fabriquer le moule plastique en vingt-quatre heures, et la phase de fonte ne prend que quelques jours, alors qu'il fallait auparavant compter plusieurs mois entre le design de la pièce et la livraison. Plus rapide, mieux réalisé et moins cher : le triptyque fait chavirer le cœur du milliardaire. La parfaite maîtrise de la chaîne de valeur et la pression incessante exercée sur les quelques sous-traitants incontournables lui permettent d'atteindre des coûts de construction pour ses lanceurs environ 25 % plus bas que la concurrence.

Le modèle d'intégration verticale fait aussi gagner en vélocité. Car la vitesse d'exécution est une autre marque de fabrique de Musk. Son obsession lui permet de construire son premier lanceur en trois ans, réutilisable qui plus est, là où il faut au minimum une décennie aux experts du secteur pour développer un modèle classique. «Selon Musk, l'industrie spatiale prend bien trop de précautions. Il a donc décidé de limiter les redondances dans les systèmes de sécurité pour aller plus vite », analyse le spationaute français Jean-Jacques Favier.

Au quotidien, plus prosaïquement, Musk ne cesse de marteler à ses équipes que le temps est une denrée rare. Dans un e-mail envoyé à ses salariés, datant de 2018 et relayé par plusieurs médias anglo-saxons, le milliardaire exigeait que les réunions soient désormais plus courtes, et surtout que toutes les personnes non essentielles plient bagage prestement. « Sortez d'une réunion ou abandonnez un appel dès qu'il est évident que vous n'ajoutez pas de valeur. [...] Ce n'est pas impoli de partir, ce qui est impoli, c'est de faire rester quelqu'un et de lui faire perdre son temps. » Tout ce qui dilapide le précieux temps est combattu sans relâche. Sibylle Delaporte nous a autorisés à consulter un message de Musk, que tous les employés de SpaceX avaient reçu, et dans lequel il s'en prenait vertement à la multiplication des abréviations maison. « L'utilisation excessive d'acronymes inventés est un obstacle à la communication [...] ; il en résultera au fil du temps un énorme glossaire que nous devrons publier à l'intention de nos clients et que nous devrons remettre aux nouveaux employés. Cela doit cesser immédiatement, ou je prendrai des mesures drastiques – j'ai donné assez d'avertissements ! » Et quand les projets n'avancent pas assez vite à son goût, le grand patron n'hésite pas à remettre tout à plat. Les hommes comme les méthodes. S'agaçant de la lenteur de l'avancée de Starlink – sa constellation de satellites en orbite basse capable d'apporter l'Internet haut débit dans les coins les plus reculés de la planète –, il a décidé de remplacer d'un claquement de doigts une grande partie des équipes d'ingénieurs issus des domaines logiciel et spatial par des cadors du jeu vidéo. Pari osé, mais pari gagnant. Près de 3 000 petits satellites parcourent déjà le ciel, au grand désespoir des astrophysiciens, car la luminosité des engins perturbe l'observation des étoiles, et, à l'automne 2022, Starlink compte déjà, selon l'entreprise, 700 000 clients à travers le monde, et autant sur liste d'attente. Sans parler des coups d'éclat, comme la livraison de plus de 20 000 antennes réceptrices à l'Ukraine, afin de permettre aux forces armées du pays de communiquer entre elles, malgré la destruction massive par les Russes des infrastructures de télécommunication, ou encore le déploiement d'une centaine d'antennes en Iran en soutien aux opposants du régime. Une vélocité admirée et jalousée par les concurrents. Herbert Diess, patron du puissant groupe Volkswagen entre 2018 et 2022, ne cachait ainsi pas sa fascination pour Tesla, et ne cessait d'alerter ses cadres sur le fait que le constructeur américain puisse fabriquer une voiture en dix heures, quand la principale usine électrique du géant allemand y passe plus de trente heures !

Une des clés de cette diligence réside dans l'extrême agilité des entreprises de la galaxie Musk. « La grande différence avec toutes les autres boîtes que j'ai pu connaître, c'est la capacité à décider très vite et à exécuter cette décision sans temps de latence », souligne l'ancien directeur de la communication de Tesla, Simon Sproule. Une agilité découlant elle-même d'une organisation horizontale propre aux start-up, qui a tendance à se complexifier et à s'alourdir quand les jeunes pousses prennent de l'ampleur. Mais Musk veille au grain. « Malgré la très forte croissance de SpaceX ces dernières années – près de 10 000 employés aujourd'hui –, tout est fait pour que l'entreprise reste rapide et réactive, sans bureaucratie ni silo », témoigne Sibylle Delaporte. Ainsi, lorsqu'une équipe d'ingénieurs bute sur un problème, tous les collègues disponibles se mobilisent pour l'aider. « De toute façon, vous avez un poste, mais en réalité vous avez quatre ou cinq casquettes en fonction des problèmes à régler. Donc personne ne peut se contenter de rester sur son petit projet », raconte une ancienne haut gradée de SpaceX.

Avec Twitter, Musk est même allé encore un cran plus loin : il a demandé à des informaticiens de Tesla de passer en revue les lignes de code du réseau social, qu'il suspectait d'être de piètre qualité ! De la même façon, alors que les entreprises classiques sacralisent la hiérarchie et que bavasser avec son N+2 (ou chef de son chef) est vu comme un impardonnable crime de lèse-majesté, chez SpaceX, la numéro deux et patronne opérationnelle Gwynne Shotwell a ouvert une boîte à suggestions, où n'importe quel employé peut proposer anonymement une amélioration du fonctionnement, rapporter un problème avec son chef... voire dénoncer des errances dans un autre service. Le procédé aurait bien du mal à être accepté de ce côté-ci de l'Atlantique, mais il présente l'avantage de maintenir tout le monde sous tension. « Il est également courant de recevoir des e-mails d'Elon à quelques jours d'un tir, invitant chacun à vérifier son travail, vérifier le travail des autres, et demandant à tous les employés de le contacter immédiatement et directement en cas d'inquiétude au sujet du lancement», se souvient Sibylle Delaporte.

Pour faciliter la communication et les échanges d'idées, l'*open space* total est également de rigueur dans les entreprises de la galaxie Musk. «Je l'avais rencontré dans ses bureaux de SpaceX à l'occasion d'un *road show* aux États-Unis, et ce qui m'avait le plus marqué, c'est que personne, pas même lui, n'avait de bureau. Nous nous étions juste mis à l'écart dans une petite salle de réunion vitrée pour discuter, nous raconte l'ancien P.-D.G. d'Orange, Stéphane Richard. Le pendant de cette méthode, c'est que cela rend tout le monde parano, et que certains, pour cacher leurs propres manquements, passent leur temps à dénoncer leurs collègues. Ce n'est pas pour rien que la plupart des salariés, chez SpaceX ou Tesla, partent en moyenne au bout d'un an», raconte un ancien proche de Musk.

Dans la galaxie Musk, la communication est pilotée et incarnée par Musk lui-même, qui en a fait son terrain de jeux quasi exclusif. «Cela fait déjà des années qu'il a viré tout le service communication de Tesla», raconte un ancien cadre du constructeur. La marque n'a jamais acheté la moindre page de publicité pour vanter les mérites de ses bolides dans les médias, à rebours d'un secteur automobile connu pour être l'un des plus gros annonceurs de la planète. Ce n'est pas la peine, puisque, selon Musk, ses voitures sont tellement géniales que les acheteurs accourent d'eux-mêmes. Pour le moment, les faits lui donnent plutôt raison…

SpaceX a bien une adresse mail, mais aucun journaliste – les auteurs de ces lignes ne font pas exception – n'a jamais reçu la moindre réponse. À une époque où les entreprises soupèsent la moindre de leur sortie médiatique, où les interviews des patrons, petits et grands, sont relues et annotées par une armée de communicants, et lissées jusqu'au ridicule, l'unique porte-parole, stratège en communication et vitrine médiatique des entreprises Musk, n'est autre qu'Elon lui-même. Il est vrai qu'il possède un solide porte-voix, avec ses 129 millions d'abonnés sur Twitter à l'heure où nous rédigeons ce texte. Ce score le plaçait sur le podium des personnalités les plus suivies sur le réseau social, aux côtés de Barack Obama… et du chanteur Justin Bieber. «Elon a toujours été excessivement frustré que les grands médias ne comprennent pas sa stratégie ou qu'ils déforment – selon lui – ses propos. Il a donc fini par se dire que le seul moyen de remédier à ce problème, c'était de communiquer directement avec les gens, d'être son propre média, et pour cela, Twitter était la plateforme idoine, raconte Simon Sproule. En réalité, il a été le tout premier, avant même Donald Trump, à comprendre le gigantesque potentiel de cette communication directe.»

Aussi bosseur et brillant soit-il, Musk n'est néanmoins ni omniscient ni omniprésent, même s'il aime à le laisser penser à ses zélateurs, qui voient en lui une sorte de demi-dieu des temps modernes. De fait, il ne dirige pas ses entreprises tout seul. Chez SpaceX ou chez Tesla, un numéro deux, qui est en réalité le vrai patron opérationnel, se cache toujours dans l'ombre de Musk. C'est d'ailleurs l'une des qualités requises pour le poste.

Chez SpaceX, nous l'avons déjà rencontrée, il s'agit de Gwynne Shotwell. Cette diplômée d'un master en génie mécanique et mathématiques appliquées a été l'une des toutes premières employées de l'entreprise. La onzième pour être exacte. Après avoir fait ses armes pendant une dizaine d'années dans l'industrie spatiale, la jeune femme a été embauchée dès 2002, l'année de naissance de SpaceX, pour s'occuper du développement commercial. Mais elle s'est très vite imposée, et a été propulsée, dès 2008, comme directrice des opérations (COO). Plus de vingt ans de coexistence avec le fantasque et tyrannique Musk : personne n'a résisté aussi longtemps ! Si à 59 ans, la COO est quasiment inconnue du grand public, c'est aujourd'hui elle la vraie patronne de SpaceX, celle qui négocie les contrats en centaines de millions de dollars avec la Nasa et l'US Air Force, et avec tous les grands opérateurs de satellites qui lui confient leur précieuse marchandise. Elle aussi qui vient rassurer ces mêmes gros clients quand Musk dérape sur Twitter ou fume du cannabis en direct avec un youtubeur. Elle, enfin, qui rassure les troupes quand le grand patron clame que SpaceX est au bord de la faillite. Serait-elle une sorte de maman qui protège ses petits face aux emportements de papa Musk ? L'analyse serait un peu naïve. « Derrière son éternel sourire, et ses séances de "calinothérapie" collectives, Gwynne est en réalité une tueuse au sang-froid : si vous remettez en cause la stratégie définie par Musk ou, pire, si vous menacez sa position dans l'entreprise, elle emploiera tous les moyens pour vous abattre», assure un ancien haut gradé de l'entreprise, qui en a fait les frais.

Chez Tesla, le vrai patron opérationnel a longtemps été Jérôme Guillen. Celui qui fut, jusqu'à l'été 2021, président de la division automobile a toujours fui les micros et les caméras et n'était connu et reconnu que dans le microcosme de la planète auto. Mais Elon Musk sait parfaitement que, sans lui, il n'aurait jamais réussi à faire de sa marque la première capitalisation boursière automobile au monde. L'Avignonnais, doublement diplômé en génie mécanique et en génie nucléaire, rejoint Tesla dès 2010, après avoir fait ses premières armes chez Daimler. Musk lui confie rapidement le développement et l'industrialisation du modèle précurseur de l'époque, la Tesla S. La berline fait un tabac et impose l'entreprise californienne comme le nouveau phare de la voiture d'avenir. Il est ensuite chargé de développer le réseau de vente, calqué sur les Apple Store, partout sur la planète. «Jérôme est une brute de travail, un type brillantissime, et en plus il avait réussi à décoder le logiciel Musk, ce qui lui permettait de devancer ses attentes. Mais, comme Elon, il pouvait être impitoyable et vous pourrir pour la moindre erreur», confie un ancien de Tesla. En 2018, Guillen gagne véritablement ses galons de général cinq étoiles. La production de la Model 3, qui doit faire passer Tesla du statut de marque pour *happy few* à celui de constructeur généraliste, est en train de virer au naufrage industriel. Dépassé, Musk appelle le Français à la rescousse. Après plusieurs mois d'un travail acharné, ce dernier parvient à faire sauter le goulot d'étranglement, faisant s'envoler le cours en Bourse de la société.

Désaccord sur la stratégie ou lassitude, après une décennie passée dans la lessiveuse Musk ? Rien n'a filtré sur le départ de l'Avignonnais, qui, à 50 ans, n'a de toute façon plus besoin de travailler : les nombreuses stock-options glanées chez Tesla en ont fait un multimillionnaire. Après avoir laissé le poste vacant pendant un an et demi, Musk aurait décidé de promouvoir le président de Tesla Chine, Tom Zhu Xiaotong, et d'en faire le patron monde de la marque automobile. Ce dernier a joué un rôle essentiel dans la réussite de la marque en Chine, devenu le deuxième plus gros marché de Tesla derrière les États-Unis et où sont fabriqués la moitié des véhicules du constructeur. S'il veut perdurer, lui aussi devra accepter de laisser toute la lumière et les honneurs au grand patron.

Si Musk ne supporte guère qu'on lui fasse de l'ombre, il supporte encore moins qu'on s'oppose à lui. Autant dire qu'un contrepouvoir comme celui des syndicats représente à ses yeux une hérésie absolue, qu'il faut combattre et éradiquer à tout prix. En 2021, Tesla a d'ailleurs été condamné pour avoir tenté d'intimider des employés qui projetaient de créer une cellule syndicale, en les menaçant de leur faire perdre toutes leurs stock-options[1]. Seule exception, l'usine berlinoise où le patron a dû accepter, à contrecœur, l'instauration

1. « Tesla engaged in Unfair Labor Practices, must reinstate Fired Worker and Scrub Elon Musk Tweet, NLRB says », *The Washington Post*, 25 mars 2021.

d'un comité d'entreprise, acteur central du modèle syndical allemand de « cogestion », qui donne de nombreux pouvoirs de décision aux salariés. Les élections des représentants, qui se sont tenues en février 2021, ont toutefois permis à la liste Gigavoice, proche de la direction, de l'emporter. Un moindre mal pour Musk, dont on imagine avec peine le résultat d'une confrontation face à un syndicat comme la CGT…

5

Le gang de la Mars Society

Le dîner sera servi à 19 heures précises. Tenue de cocktail exigée, peut-on lire sur le carton d'invitation. Nous sommes le 6 mai 2001, dans une cossue villa de Portola Valley, l'un de ces havres discrets pour millionnaires de la révolution internet, nichée sur les hauteurs entre San Francisco et de San José. La cheffe Carole Christian est sur le pied de guerre. Le menu a été soigneusement étudié : *quesadillas* à la mangue, crevettes marinées sur une salade de jeunes pousses avec fromage de chèvre et noix de pécan confites ; flétan grillé à la coriandre, et tarte au fromage chocolat-framboise. Les vins viennent de la Napa Valley, évidemment. Une grande tente blanche a été dressée dans le jardin pour abriter les convives. Entre les tables rondes, un piano à queue attend Melissa Olsen, une concertiste de Sacramento.

Ces dernières semaines, dans la région, les occasions de festoyer se sont comptées sur les doigts d'une main. La Silicon Valley a le blues. Ou plutôt la gueule de bois. L'éclatement de la bulle internet a ramené sur terre tous ceux qui pensaient que les arbres montaient jusqu'au ciel. Depuis le pic atteint le 10 mars 2000, le Nasdaq, l'indice phare des valeurs technologiques de la Bourse de New York, a dégringolé de plus de 50 %. L'argent qui coulait à flots il y a encore quelques mois se fait beaucoup plus rare. Les pythies de la Valley promettaient pourtant une ère nouvelle, où le pouvoir magique d'Internet rendrait caduques toutes les lois de la gravité économique. Quelques paragraphes griffonnés sur un PowerPoint en guise de *business plan* et les millions de dollars pleuvaient. Pourtant, en mai 2001, le N'importe-quoi-point-com a explosé. Les *business angels* qui avaient fait de ce bout de Californie un casino à ciel ouvert calculent leurs pertes. Elles se chiffrent en milliards. Les charrettes d'employés licenciés se succèdent. Des centaines de start-up ont mis la clé sous la porte, leurs fondateurs, millionnaires virtuels le temps d'une saison, se retrouvent sans le sou. Dans une sorte de tremblement de terre financier, San Francisco est ébranlé. Une étude publiée par Rosen Consulting promet la disparition de 80 % des start-up créées dans la baie avant janvier de l'année suivante.

Alors que les mirages d'Internet se dissipent, certains se réfugient dans les étoiles. Du moins, c'est ce que veut croire Bill Clancey, l'un des ingénieurs en chef de la Nasa, qui a lancé les invitations à son domicile. Clancey est un pilier de la Mars Society, une association née quelques mois plus tôt sous l'impulsion de son gourou, Robert – Bob – Zubrin. Ce dernier, responsable des missions planétaires chez Martin Marietta, a publié en 1996 *Cap sur Mars*[1], un essai qui détaille, sur près de quatre cents pages, toutes les étapes scientifiques et techniques ainsi que les enjeux économiques, sociaux et politiques d'une conquête martienne. Le livre a connu un franc succès, et Zubrin a changé de statut. L'ingénieur sympathique un peu lunaire est devenu, en une poignée d'années, le chef de file d'une communauté persuadée que l'humanité a un avenir multiplanétaire. Mais pour coloniser la planète rouge, il faut convaincre l'Agence spatiale américaine, l'administration de Washington, le Sénat et tout l'écosystème industriel du bien-fondé d'un tel objectif.

D'abord et avant tout, il faut démontrer que la vie sur Mars est possible. Après avoir construit un premier laboratoire dans les glaces du Nord canadien, la Mars Society a besoin de plusieurs dizaines de milliers de dollars pour bâtir un nouveau centre de recherche dans un désert de l'Utah. La terre rouge, la chaleur accablante, l'eau qui manque… Cette base de vie dans des conditions extrêmes, située à des dizaines de kilomètres de la première ville, Hanksville, doit permettre aux chercheurs de travailler sur de nouveaux matériaux, de nouveaux habitats, de nouvelles techniques de culture, qui serviront, le moment venu, aux premiers colons martiens. Mais pour cela, il faut de l'argent.

1. Robert Zubrin, *Cap sur Mars. Un plan pour l'exploration et la colonisation de Mars par l'homme*, Saint-Orens-de-Gameville, Oursau, 2004.

Aux États-Unis, on maîtrise à merveille l'art de ces dîners de collecte de fonds. Bill Clancey et Joel McKinnon, un collègue de la Nasa, lui aussi membre de la Mars Society, ont bien fait les choses. L'invitation a été envoyée à tout ce que la Silicon Valley compte de fans du spatial, ainsi qu'à une poignée de startupers fortunés et aux patrons d'Apple, de Cisco, d'Oracle, d'Intel et de Sun, parmi les plus belles entreprises américaines de haute technologie du moment. Pour la modique somme de 500 dollars, ils pourront écouter Bob Zubrin détailler les dernières avancées de son projet martien et quelques scientifiques de la Nasa dévoileront leurs plus récentes découvertes. Kim Stanley Robinson, l'un des plus grands écrivains de science-fiction du XXe siècle, auteur de la trilogie martienne, sera aussi de la partie. Mais la véritable tête d'affiche de la soirée, c'est le cinéaste James Cameron. Oscarisé deux ans plus tôt pour *Titanic*, le réalisateur de *Terminator* et *Abyss* a été biberonné à la science-fiction. En 1994, il a écrit un script d'une quarantaine de pages sur la guerre qui ravage la planète Pandora et oppose les êtres humains venus exploiter un minerai rare à la population autochtone, qui vit en parfaite harmonie avec la nature. Cameron a laissé son scénario dans les cartons, car il estime que les technologies – notamment la 3D – nécessaires à son projet ne sont pas mûres. Toutefois, il a déjà en tête les images d'*Avatar*, qu'il tournera près de huit années plus tard et qui se révélera le film le plus cher jamais produit par Hollywood. Comme Bob Zubrin, le réalisateur est un ardent défenseur de la conquête martienne. Lui aussi croit que l'humanité à un avenir multiplanétaire.

Le jour de l'événement, dans le journal qu'il tient scrupuleusement depuis de nombreuses années, Joel McKinnon écrit, au petit matin : « Sur les plus de deux mille invitations que nous avons envoyées, soixante-dix personnes seulement ont répondu. Le mailing n'a pas fonctionné et les taux de retour sont nuls. Un vrai four. Heureusement, Cameron a confirmé sa venue. »

« Bonsoir à tous. Moi, je ne suis pas un bon orateur ni un conférencier, juste un type qui sait raconter des histoires », lance le réalisateur, lorsqu'il se saisit du micro au milieu de la soirée. Il cherche à faire taire une rumeur qui court depuis un certain temps. Non, il ne sera pas le prochain touriste de l'espace. Quelques jours plus tôt, le 28 avril, Dennis Tito, un businessman milliardaire, a fait un voyage de près de sept jours dans les étoiles, avec en prime un amarrage à la Station spatiale internationale. Cameron, de son côté, s'est entraîné pendant trois semaines sur une base spatiale russe. Il a même été déclaré apte à suivre le programme intensif des futurs cosmonautes. Mais, lui, s'il va dans l'ISS, ce n'est pas pour quelques heures. Il veut y rester plusieurs mois, afin de tourner une production qui réconcilie les Américains avec le rêve interplanétaire. « Je pense que ce n'est pas le bon moment pour le faire », explique-t-il à l'assemblée, au moment d'attaquer la tarte framboise-chocolat.

Assis à côté de lui, les bras croisés, le regard perdu dans le vide, un jeune homme l'écoute attentivement. Elon Musk a signé un chèque de 5 000 dollars pour être placé à côté de la star d'Hollywood. Les ingénieurs de la Nasa ne font pas vraiment partie de son univers. Les tenues de gala non plus. Comme tous les jours, il a enfilé un tee-shirt gris un peu large, qui flotte sur un jean noir.

En mai 2001, l'homme s'ennuie ferme. Huit mois auparavant, il a été victime du fameux «coup d'État capitalistique», manigancé par ses partenaires de X.com, créée deux ans plus tôt. Rappelons que, sous la pression d'une poignée de salariés de l'entreprise, le conseil d'administration lui a préféré Peter Thiel, un autre entrepreneur aux dents longues, fondateur de Confinity et de PayPal, et que les deux startupers avaient fusionné leurs boîtes en mars 2000, jusqu'à ce qu'une guerre d'*ego* oppose Musk et Thiel, et que le second gagne la partie. Musk, débarqué de son poste de P.-D.G., a vécu ces derniers mois comme un calvaire. Il est toujours le premier actionnaire de l'entreprise, mais il est relégué au rang de simple conseiller de la direction. Vilipendé et moqué par la presse spécialisée, il ronge son frein, passant une partie de ses journées à rouler à tombeau ouvert sur les routes sinueuses de la Valley au volant de sa McLaren F1. Il a à peine 30 ans et n'a pas l'intention de jouer les investisseurs discrets dans une kyrielle de start-up. Lui, il veut être aux commandes, diriger, imposer sa marque et changer le monde. Il n'a pas vraiment réussi à révolutionner l'univers bancaire comme il l'entendait avec X.com. Qu'importe, la planète est suffisamment grande.

L'espace fait rêver Musk depuis l'enfance, il connaît chaque passage du livre de Bob Zubrin. « Ce soir-là, personne n'a vraiment fait attention à Musk. On a vu arriver un de ces jeunes loups de l'Internet, comme la Valley en comptait beaucoup à l'époque. Je ne me rappelle même pas s'il a parlé à quelqu'un durant le dîner », se remémore Carol Stocker, membre de la Mars Society, qui était à sa table. Une fois la fête terminée, Joel McKinnon griffonne dans son journal : « La soirée a été un succès. Les convives étaient ravis. Cameron est parti le dernier et, en montant dans sa voiture, il nous a dit : "Nous partageons le même objectif, le même rêve, continuez d'y croire." C'est encourageant, sauf que sur le plan financier, le compte n'y est pas. » Les organisateurs espéraient empocher 10 000 dollars... En réalité, ils couvrent à peine leurs dépenses.

Un simple coup de téléphone va tout changer. Dans la nuit, Robert Zubrin et sa femme ont regagné le petit hôtel qu'ils ont réservé, un peu à l'écart de la route qui rejoint San Francisco. Le jour est à peine levé quand la sonnerie retentit et réveille le couple. Zubrin décroche. Comme à son habitude, Musk ne s'embarrasse pas de formules de politesse. Il a eu toute la nuit pour digérer ce qu'il a entendu la veille au soir : « Je voudrais prendre le petit déjeuner avec vous », explique-t-il, sans s'excuser pour le dérangement. Les deux hommes se retrouvent une demi-heure plus tard au bar de l'hôtel, devant un mug de café américain et une assiette de pancakes. Musk explique à Zubrin qu'il a toujours rêvé de construire des fusées, mais que l'industrie automobile l'intéresse aussi. D'ingénieur à ingénieur, le courant passe vite, ils parlent la même langue. Musk pose des questions techniques; Zubrin, en bon pédagogue, y répond volontiers. Pour une fois, le scientifique de chez Martin Marietta n'a pas affaire à un grand ponte de l'industrie aéronautique ou de l'US Air Force qui le méprise et juge ses projets martiens pharaoniques et irréalistes, mais à un jeune homme, certes égocentrique à l'excès, mais qui n'a peur de rien. «À ce moment-là, Musk ne connaît rien à l'industrie spatiale. Pourtant dès le départ, il a posé les bonnes questions», nous confie Robert Zubrin. Les pancakes avalés, Musk fait une proposition : un don de 100 000 dollars à la Mars Society en échange d'une place au *board*, le conseil d'administration de l'association. Zubrin, aux anges, accepte immédiatement. Ce sera le premier pas de Musk dans le domaine spatial. Deux semaines après ce petit déjeuner fondateur, il voyage jusqu'à Denver pour discuter à nouveau avec Zubrin. C'est le début d'une étrange amitié qui ne s'est jamais éteinte.

Il n'y aurait peut-être pas de SpaceX ni de Tesla sans Zubrin. Musk n'aurait peut-être pas révolutionné deux des industries les plus étanches que sont le spatial et automobile, s'il n'avait pas assisté à ce dîner de la Mars Society le 6 mai 2001. Dans la belle maison d'architecte de Bill Clancey, l'histoire a basculé. C'est par l'intermédiaire de cette société d'initiés que Musk rencontre Martin Eberhard, le vrai fondateur de Tesla. C'est aussi grâce aux réseaux de la Mars Society et de Zubrin qu'Elon Musk a créé de toutes pièces SpaceX.

Dans la construction de la personnalité de Musk, il manquait une brique, celle du mentor. Zubrin coche cette case. Dans son refuge de Denver au Colorado, où il nous reçoit, son bureau est encombré de livres et de grandes photos de la planète Mars tapissent les murs de la pièce. Un buste de la déesse grecque Athena et la maquette de l'*USS Enterprise*, le vaisseau iconique de la série *Star Trek*, trônent sur sa table de travail. Avec sa chemise à carreaux de bûcheron canadien, et ses rares cheveux argentés hirsutes, Zubrin ressemble au cousin d'Emmett Brown, le «Doc» un peu fou de *Retour vers le futur*.

«Votre rôle dans la vie de Musk?» lui demandons-nous. «Je lui ai simplement dit que ce à quoi il rêvait était possible», répond Bob, comme l'appellent ses amis. Elon Musk n'a pas de figure masculine à laquelle se raccrocher. Il a rejeté son père et n'a quasiment pas connu son grand-père maternel, Joshua Haldeman, qu'il porte pourtant aux nues, comme on l'a vu. Musk découvre en Zubrin un homme qui pense comme lui, qui rêve comme lui… le délire égotique en moins. Il n'y a jamais eu de compétition entre eux. Pas de lien de subordination non plus. Zubrin ne travaillera jamais pour Musk. Un profond respect et une relation presque filiale unissent simplement les deux hommes. «Malgré son emploi du temps de folie, on discute tous les mois environ; la dernière fois que je l'ai vu, c'était à Boca Chica, le long de la frontière mexicaine, sur le site de fabrication des Starship, je l'ai trouvé épuisé. Musk est un génie, mais un génie très angoissé du temps qui passe», confie Bob. Ce dernier est peut-être l'un des seuls, dans l'entourage d'Elon, à oser lui dire ce qu'il a vraiment sur le cœur. Lorsqu'au printemps 2022, le milliardaire se pique de racheter Twitter, Zubrin lui envoie un message lapidaire : « Tu as fait une erreur. Ne perds pas ton temps. » « Il s'est lancé dans la conquête de Twitter par arrogance et par émotion, comme un milliardaire qui entre dans un restaurant et s'agace parce qu'il n'y a pas de côtelettes au menu et finit par racheter le restaurant. Je lui ai dit de rester concentré sur les objectifs qu'il est le seul à pouvoir réaliser », explique Zubrin. Pour ce scientifique, Musk ne doit avoir qu'un but : Mars.

Bob Zubrin est un enfant de la conquête de la Lune, né en 1952 dans une famille d'émigrés juifs russes de Brooklyn, à New York. « J'ai 5 ans quand le premier satellite Spoutnik 1 s'élance du cosmodrome de Baïkonour en URSS, et je me rappelle très bien Kennedy promettant à la télévision que les Américains seront les premiers à marcher sur la Lune. » Enfant, il se nourrit de bouquins de science-fiction, dont l'âge d'or culmine dans les années 1960, avec des auteurs comme Robert A. Heinlein, Isaac Asimov, ou Arthur C. Clarke – ces mêmes écrivains, ces mêmes livres qui, des décennies plus tard, feront rêver le jeune Elon dans sa chambre à Pretoria.

Zubrin se passionne très vite pour l'astronomie ; ses parents lui achètent un télescope et il est le premier de sa famille modeste à s'inscrire à l'université, pour suivre des études de physique. « Quand j'ai dit à mes parents que je voulais être astronome, ils ne m'ont pas pris au sérieux. C'était quelque chose d'inimaginable dans le milieu d'où je venais. Alors, je suis rentré dans le rang.» L'homme devient enseignant dans un lycée de New York. Pendant sept ans, il traverse la Grosse Pomme tous les jours, ses ambitions enfouies dans son cartable de professeur de physique. Jusqu'à un matin de 1981. «Dans le métro, je me suis dit : Mais qu'est-ce que tu fiches là ? Pourquoi as-tu abandonné tes rêves ? J'ai tout plaqué du jour au lendemain», raconte-t-il aujourd'hui. Il s'inscrit alors à la Colombia University, étudie l'astronomie et la physique nucléaire et se lie d'amitié avec un groupe d'étudiants de l'université de Boulder, au Colorado, qui ont créé une sorte de société secrète, Mars Underground. Leur objectif ? La relance de la conquête martienne.

Tous n'ont en tête qu'une idée : après avoir foulé le sol lunaire, l'Amérique doit être la première à conquérir la planète rouge. Rapidement, Zubrin devient un membre actif de cette association aux projets fantasques. Ses premiers pas d'ingénieur, il les fait chez Martin Marietta Astronautics, l'ancêtre de Lockheed Martin, un des géants américains de la défense et de l'aéronautique. Vif, entreprenant, n'hésitant pas à bousculer les codes établis, il gravit les échelons. En 1990, il est ingénieur en chef de l'entreprise et responsable du développement des missions planétaires, lorsqu'il propose un plan baptisé Mars Direct. L'Amérique est encore traumatisée par la désintégration, quatre ans plus tôt, de la navette Challenger, 73 secondes après son décollage. Les sept astronautes de la mission étaient morts en direct devant des millions de téléspectateurs américains. La Nasa a été accusée d'avoir négligé des failles du propulseur d'appoint, et est en pleine débandade. Puis la guerre froide a pris fin avec la chute du mur de Berlin, et l'espace n'est plus réduit au champ de bataille entre les États-Unis et l'URSS qu'il a été pendant des décennies.

Plus personne ne parle alors de conquête martienne… sauf l'ingénieur en chef de Martin Marietta Astronautics. Quel est son plan ? Comme dans le cas de l'exploration arctique, Zubrin défend une approche « en traîneau ». En utilisant les ressources disponibles dans l'environnement à explorer, on peut réduire la logistique de la mission, au point de la rendre réalisable. « On envoie l'équipage et son module d'habitation directement sur Mars avec le dernier étage du lanceur même qui les aura mis sur orbite terrestre, exactement comme les missions Apollo. Cette façon d'envisager la mission simplifie radicalement le matériel nécessaire et permet d'en diminuer considérablement la quantité. La clé de ce plan est la capacité de la mission à utiliser les ressources indigènes martiennes pour transformer l'atmosphère de la planète en propergol de fusée et alimenter le voyage de retour », écrit alors Zubrin.

À la première lecture du plan, la Nasa s'étrangle : trop ambitieux, irréaliste, naïf, sommaire… Mais l'homme s'entête, finit tout de même par convaincre l'Agence spatiale américaine, qui, en 1992, lui ouvre les portes du Johnson Space Center. Là, en collaboration avec les ingénieurs de Martin Marietta, il construit en trois mois un démonstrateur à taille réelle qui transforme l'atmosphère martienne en propergol.

Dans *Cap sur Mars*, il détaille le plan de Mars Direct avec des réponses aux questions sur la durée du voyage, les rayonnements cosmiques, la construction d'une base de vie sur la planète rouge, jusqu'aux aspects sociétaux, politiques, économiques du développement d'une nouvelle société martienne. Coloniser la planète rouge ouvre la possibilité de créer une nouvelle branche de l'espèce humaine, un « nouveau rameau culturel de l'humanité, [...] prélude à une multitude d'autres sur des mondes encore plus lointains. Ce déploiement à grande échelle sera la seule manière de préserver la précieuse diversité de l'humanité et de perpétuer son enrichissement continu, non seulement pour garder son charme à l'existence, mais pour assurer la survie même de notre espèce. Un monde unique sera bien trop petit », s'enflamme l'ingénieur en chef de Martin Marietta.

On ne peut pas comprendre les ambitions martiennes d'Elon Musk sans lire les écrits de Robert Zubrin. Il y a puisé une grande partie de ses idées. Pour la première fois de sa vie, le jeune homme a trouvé en cet ingénieur de vingt ans son aîné quelqu'un qui pense comme lui. « Mes processus mentaux évoluent par sauts et par bonds, et j'ai fait mien le credo de Hegel : rien de grand n'a été réalisé sans passion. [...] Moi, je veux changer le monde », écrit alors Zubrin.

Le gourou de la Mars Society a une idée fixe : la conquête de nouveaux espaces est consubstantielle à l'évolution de l'espèce humaine. De la préhistoire à l'Antiquité, à la Renaissance, jusqu'à la conquête de l'Ouest. S'inspirant des thèses d'un historien et philosophe américain de la fin du XIXe siècle, Frederick Jackson Turner, Zubrin soutient que la perte de vigueur de nos sociétés, la stagnation économique, le nivellement de la culture vers le bas ou même la recrudescence des croyances dans l'irrationnel tiennent tous à un seul fait : l'absence d'un nouveau « front pionnier », d'une terre à conquérir. « L'ouverture d'un nouveau front pionnier constitue dès lors le principal besoin sociétal de l'Amérique et du monde aujourd'hui. Rien n'est plus important », conclut-il, dans le dernier chapitre de son essai. La planète rouge sera ce nouvel horizon.

Cap sur Mars remporte un succès mondial. En cette fin de XXe siècle, la Silicon Valley s'enflamme pour les thèses de Zubrin, y compris Musk. Un autre ingénieur et startuper, Martin Eberhard, est emballé. Dans l'imaginaire collectif, Musk est le titan qui a créé Tesla, celui qui a forcé les vieux constructeurs nés au début du siècle, et biberonnés au pétrole bon marché, à prendre le virage de la voiture électrique. Mais ça, c'est pour la belle histoire, celle qu'il raconte volontiers, comme s'il fallait qu'il torde la vérité pour apparaître encore plus visionnaire. Si l'homme d'affaires d'origine sud-africaine est bien à l'origine de la création de l'entreprise spatiale SpaceX, ce n'est pas lui qui a inventé Tesla. Martin Eberhard et son ami Mark Tarpenning en sont les vrais fondateurs.

« Je ne comprends toujours pas pourquoi il veut réécrire l'histoire », nous souffle Eberhard. L'homme aux faux airs de Steve Jobs, qui nous parle avec cette décontraction toute californienne, est un pur produit de la

Silicon Valley. Il en connaît les codes, les vices, les revers, la brutalité. Berkeley est son berceau, la Mars Society, sa famille. Il en est l'un des premiers membres, quelques mois après sa création à l'été 1998. Comme Elon Musk, il adhère sans hésiter aux rêves martiens de Zubrin. Et c'est par l'intermédiaire de la Mars Society que les deux hommes vont se rencontrer.

Dans les livres d'histoire, Martin Eberhard aurait dû apparaître comme celui qui a révolutionné l'industrie automobile. Il a été gommé de la photographie. Il pourrait en être amer, ronger son frein, se noyer dans des procès sans fin et courir désespérément après une notoriété volée. «Je ne regrette rien, je vis très confortablement, je n'ai pas besoin de yachts de luxe, et tout ce que j'avais imaginé se déroule sous mes yeux», nous raconte-t-il au début de notre entretien.

Au fil de son récit, nous voici transportés à la fin des années 1990, lorsque l'aimant de la révolution internet attire tous les financiers, ingénieurs et innovateurs de la planète. Comme Musk, Martin Eberhard, jeune ingénieur trentenaire spécialisé en *control system*, s'imagine en entrepreneur millionnaire. Il a fait ses armes chez le fabricant d'ordinateurs Wise Technologies, et lui aussi veut tout chambouler. Avec Mark Tarpenning, il crée, en 1996, NuvoMedia, une start-up qui produit Rocket, le premier lecteur électronique portable. Les ebooks n'ont pas encore vu le jour. Le succès n'est pas immédiat, mais il se fait vite remarquer. À Noël 1999, il vend 40 000 exemplaires de sa fameuse liseuse. Ce beau résultat suscite l'appétit d'investisseurs qui lui proposent alors de racheter sa boîte. Eberhard aurait pu attendre, faire monter les enchères comme tant d'autres, mais il est en plein divorce et a besoin d'argent. Il vend son produit pour 190 millions de dollars. « Un bon deal, car trois mois après, la bulle internet éclatait et nous n'aurions jamais pu faire les levées de fonds qu'on espérait pour continuer à grandir », explique-t-il.

Après avoir remboursé tous ses créanciers, il lui reste quelques millions en poche. Le calendrier est parfait, puisqu'il a une autre idée en tête. Après le livre électronique, il bascule vers le véhicule électrique équipé de batteries lithium. « J'ai mis six mois à convaincre mon copain Mark de me suivre. » En juin 2003, Tesla est baptisé, en référence à l'ingénieur serbe Nikola Tesla, inventeur du moteur électrique. Eberhard a une intuition : si le véhicule électrique n'a jamais percé, c'est parce que les constructeurs ont toujours pris l'affaire par le mauvais bout. « Il fallait d'abord proposer une voiture de luxe en petite série, pour faire rêver et casser l'image de la voiturette de golf. » Son roadster sera rouge, équipé d'un châssis Lotus, capable de passer de 0 à 100 kilomètres à l'heure en une poignée de secondes. Toutefois, faire évoluer le prototype à la production en série nécessite de l'argent, beaucoup d'argent. « À l'époque, dans la Silicon Valley, personne ne voulait entendre parler d'industrie, et encore moins de voitures », se souvient Eberhard. Personne, sauf Elon Musk, riche à millions, après avoir vendu ses parts dans PayPal.

Les deux hommes se rencontrent fin 2001, lors d'une réception de la Mars Society, à l'université de Stanford.

Musk, qui a pris du galon dans cette société savante, s'exprime devant un parterre d'ingénieurs. Il critique alors vertement les choix de la Nasa, son manque d'ambition. « Le type et sa vision m'ont plu immédiatement », se rappelle Eberhard. Lorsque, deux ans plus tard, ce dernier est à court d'argent pour produire ses roadsters de compétition, c'est tout naturellement vers Musk qu'il se tourne. Ce dernier sent la bonne affaire et se jette dans l'aventure, en injectant près de 5 millions de dollars dans Tesla, en avril 2004. Il en devient ainsi le premier actionnaire et le *chairman*, l'équivalent de président non exécutif.

Comme avec Zubrin, Musk et Eberhard parlent la même langue, celle des ingénieurs prêts à démonter n'importe quel machin et à bousculer toutes les limites. « Tout s'est très bien passé au début. Elon était très sympa et c'est un type tellement intelligent... » confie Eberhard. Sauf que l'*ego* déjà surdimensionné de l'homme d'affaires fait exploser le duo. En 2006, Eberhard estime que Tesla est prête à entrer dans l'arène. En juillet, il organise en grande pompe une soirée à l'aéroport de Santa Monica, à Los Angeles, pour faire tester le bolide à des VIP tels qu'Arnold Schwarzenegger, alors gouverneur de Californie, et signer les premières réservations. Des stars, un bolide entièrement électrique, qui plus est fabriqué par une toute nouvelle marque californienne : l'histoire est belle et les médias ne tardent pas à s'en emparer. La voie du succès semble enfin se dégager. « On a eu énormément de retombées dans la presse, le problème, c'est que les papiers parlaient de moi ou de Mark, mais jamais d'Elon. Ça l'a mis dans une colère noire ! » explique Martin Eberhard. À l'époque, le fondateur de Tesla est loin d'imaginer que la blessure narcissique de son partenaire l'a condamné. À l'été 2007, alors qu'il s'apprête à monter sur scène pour une conférence de presse devant l'association des journalistes californiens, Eberhard reçoit un bref coup de fil de Musk. Le ton est froid, le verdict, sans appel : il est démis de ses fonctions de P.-D.G. Pour justifier sa décision, Musk se retranche publiquement derrière les dérives des coûts de fabrication du roadster. Depuis, dans les rares interviews qu'il accorde, l'entrepreneur prétorien se présente comme le fondateur de Tesla. Mais qu'importe. On est en Amérique. Et, comme le dit la fameuse réplique du chef-d'œuvre de John Ford *L'homme qui tua Liberty Valance* : « Quand la légende est plus belle que la réalité, on imprime la légende ! »

En affaires, avec Musk, il ne peut y avoir qu'un pilote à bord. Tesla ne serait sans doute pas devenue la marque iconique qu'elle est aujourd'hui sans Musk, quel qu'en soit le prix. Ce sont son inventivité, sa prise de risque, sa vision et sa capacité à déconstruire tous les process industriels qui ont fait de la start-up de Martin Eberhard et de Mark Tapenning l'un des plus grands succès industriels de ces dernières décennies. Mais Musk n'aurait sans doute jamais croisé le chemin des vrais fondateurs de Tesla sans la Mars Society.

Ce sont ces mêmes réseaux qui, en 2001, lui ouvrent les portes de l'industrie spatiale. En réponse à Adeo Ressi, son ami de faculté qui l'interroge sur les nouvelles affaires qu'il entend lancer après s'être fait écarter de PayPal, Musk n'a qu'un mot : l'espace. Derrière le milliardaire, c'est l'adolescent qui rêvait de voyages intergalactiques, qui ne manquait pas un épisode de *Star Trek* à la télévision et qui avait construit une maquette de fusée en dernière année de lycée à Pretoria, qui parle. Il n'y a pas de frontières entre le rêve et la réalité chez lui. Quelques jours après leur première rencontre, Musk questionne Zubrin : « Pourquoi ne trouve-t-on aucune trace de projet de voyage sur Mars [sur le site internet de la Nasa] ? » Il a vérifié, il a passé des heures à chercher sur la Toile. Avec Musk, le temps n'a pas la même durée. Avec lui, un projet qui prendrait forme en une ou deux années pour le commun des mortels est mis en branle immédiatement. Un mois tout juste après le dîner de Portola Valley, Musk en est convaincu : il va relancer la conquête spatiale.

Nous sommes au début de l'été 2001, et tout va très vite. Musk réunit discrètement une fine équipe de scientifiques de la Nasa et d'ingénieurs de l'industrie aéronautique, qui se retrouvent tantôt dans une salle de réunion de l'hôtel Renaissance, proche de l'aéroport de Los Angeles, tantôt au Sheraton de Palo Alto. James Cameron se joint parfois à eux. Musk a une idée fixe : le premier aller-retour entre la Terre et la planète Mars sera réalisé par un couple de souris embarquées dans une petite capsule. Les animaux doivent non seulement résister au voyage, mais se reproduire. Les chercheurs sont perplexes, les amis de Musk, tétanisés. Au fil des débats, le projet des rongeurs est abandonné et l'homme d'affaires se rabat sur des plantes. Le projet est baptisé Mars Oasis : il s'agit d'envoyer sur la planète rouge une sorte de serre robotisée. À l'arrivée, les graines enrobées de gels nutritifs seront activées. La serre sera équipée d'une vitre et une caméra permettra de renvoyer sur Terre les images de la croissance des végétaux.

Au cœur de l'été, lors d'une nouvelle soirée de la Mars Society, Musk retrouve Joel McKinnon et lui demande de préparer une présentation dont il se servira pour convaincre les fonds d'investissement et lever de l'argent. Musk est prêt à mettre 20 à 30 millions de dollars sur la table pour financer Mars Oasis, mais ses ingénieurs lui font comprendre qu'il en faudrait dix fois plus pour que ses petites serres vitrées atteignent un jour leur objectif. Et surtout, il faut trouver une fusée...

C'est à ce moment qu'un autre homme clé de la Mars Society entre en scène : Jim Cantrell. Ce colosse, jovial et bon vivant, est un vieux briscard de l'industrie spatiale. Il a fait ses armes au prestigieux Jet Propulsion Laboratory, un centre de recherche spatial de la Nasa. Il a ensuite rejoint le Cnes en France et a travaillé sur des programmes de recherche conjoints entre l'Hexagone et la Russie. L'homme est sulfureux, un peu « voyou » comme il se décrit lui-même : en 1996, lors d'un voyage en Russie, il a été placé en résidence surveillée à Moscou, accusé d'espionnage par le Kremlin. Il a fallu l'intervention du vice-président américain Al Gore pour qu'il quitte en urgence la capitale soviétique... Cantrell s'est juré de ne jamais y remettre les pieds. Mais c'était compter sans la force de persuasion de Musk.

Les soirées d'été sont souvent étouffantes dans les étendues arides de l'Utah. Un vendredi soir de juillet 2001, sur une route déserte qui le ramène à son ranch au nord de Salt Lake City, Jim Cantrell est au volant de son cabriolet décapotable Chrysler quand il reçoit un appel sur son téléphone portable. « Bonjour, je m'appelle Elon Musk. Je suis un milliardaire de l'Internet. Je veux créer un programme spatial privé. C'est Bob Zubrin qui m'a donné vos coordonnées. » Silence. « Sur le coup, je n'ai même pas compris son nom », nous raconte Jim Cantrell. Musk n'a pas encore gommé son accent sud-africain et il a l'habitude de manger la moitié des mots. Cantrell croit à une blague. Un type comme ça, venu de nulle part, qui veut créer une compagnie spatiale... encore un illuminé, pense Cantrell. L'autre enchaîne. « J'ai fondé Zip2 et PayPal, et je crois que l'humanité a un avenir multiplanétaire. J'ai de l'argent et je veux montrer que c'est possible.

— On peut se rappeler dans quinze minutes », lui répond Cantrell.

À peine est-il arrivé au ranch que Musk est de nouveau au bout du fil, poursuivant la conversation comme si de rien n'était. À la vitesse de l'éclair, il lui détaille son projet de serre connectée. Musk a fait le tour de la question et il est persuadé qu'il pourra trouver à bon compte une fusée en Russie. Or, la Russie, c'est le domaine de Jim Cantrell. « Au fait, où habitez-vous ?

J'ai un jet privé et je peux venir vous voir maintenant», débite Musk, avant de raccrocher.

Deux jours plus tard, en début d'après-midi, dans une petite salle de réunion aux vitres opaques de l'aéroport de Salt Lake City, les deux hommes se rencontrent. Bob Zubrin a, lui aussi, fait le voyage. «J'ai vu arriver un grand type en tee-shirt au regard un peu bizarre. Quand il vous parle, c'est comme s'il pensait déjà à autre chose», se souvient Cantrell. Deux heures suffisent pourtant au jeune milliardaire pour convaincre ce loup de mer de l'industrie spatiale de se lancer dans l'aventure : ils iront acheter des fusées en Russie...

En 2001, l'ancien empire soviétique est à genoux. La crise économique a laissé un pays exsangue, l'inflation est galopante, la monnaie, en chute libre, et les anciens conglomérats de l'ex-URSS sont dépecés pour être vendus au plus offrant. Elon Musk ne s'est jamais rendu sur place, mais il est persuadé qu'avec quelques millions de dollars en poche, il peut tout s'acheter. Les deux voyages que Musk effectue à Moscou à l'automne 2001 disent beaucoup de sa personnalité : il ose tout, ne s'embarrasse d'aucune considération sociale, n'a pas vraiment de plan établi, mais n'admet pas l'échec comme une solution.

Pourtant, les choses ne se déroulent pas comme prévu. Le premier déplacement en octobre tourne rapidement à la farce tragicomique. Musk a exigé que son ami de faculté Adeo Ressi soit aussi de l'aventure. Malgré les contacts de Cantrell, les portes ne s'ouvrent pas facilement. Or, les deux trentenaires n'ont aucune intention de passer leurs soirées entre les quatre murs de leur chambre d'hôtel. Un des cousins de Musk lui a parlé du Hungry Duck, une boîte de nuit ouverte par un Canadien, où tout est permis. Sexe et vodka à volonté. Au lendemain d'une nuit très arrosée, Musk et Ressi débarquent dans la salle du petit déjeuner, la mine blafarde, les yeux injectés de sang. Pour rentrer à l'hôtel, on raconte qu'ils se sont fait rançonner par un policier russe. Incapables de présenter leur passeport, ils ont dû graisser la patte du fonctionnaire en lui versant 800 dollars chacun. « Tu avais raison, Jim. On n'aurait pas dû aller au Hungry Duck », se serait esclaffé Musk. Clap de fin pour le premier voyage.

Un mois plus tard, les voilà de nouveau à Moscou. Mais, cette fois, Cantrell a posé ses conditions. Un autre acolyte est de la partie : Michael Griffin, un physicien et ingénieur aérospatial de renom, et bonne connaissance de Cantrell. Griffin est un ponte du Jet Propulsion Laboratory. En 2005, il deviendra administrateur de l'Agence spatiale américaine, puis, des années plus tard, sous-secrétaire à la Défense de Donald Trump. Ce compagnon de voyage n'est pas vraiment du genre à finir ses soirées au Hungry Duck.

La fine équipe a sélectionné deux types de fusée, fabriqués par deux entreprises symboles de l'ère soviétique : NPO Machinostroïenia, spécialisée dans les missiles balistiques intercontinentaux, et Kosmotras, une société créée conjointement par la Russie, l'Ukraine et le Kazakhstan, et qui a mis au point la fusée Dniepr à partir de missiles balistiques reconvertis en lanceurs de satellites. Le premier rendez-vous chez Machinostroïenia vire au cauchemar. «J'avais bien tenté d'expliquer à Elon les us et coutumes du business russe. D'abord mettre un costume et une cravate, puis jouer le jeu des toasts de vodka à la gloire de la grande Russie. Musk n'a rien écouté», raconte dans un éclat de rire Jim Cantrell. L'ingénieur en chef de Machinostroïenia, pur produit de l'URSS, a devant lui un jeune Américain en jean et sweat-shirt à capuche, arrogant et plastronnant, qui lui parle de l'avenir multiplanétaire de l'humanité. Visiblement agacé, il finit par se lever et clôt la conversation en crachant sur les chaussures de Musk, puis sur celles de Cantrell avant de claquer la porte.

Le second rendez-vous chez Kosmotras n'est guère plus concluant. Si l'accueil est un peu plus chaleureux, les négociations financières tournent à la discussion de marchands de tapis. Un colonel de l'Armée rouge est à la manœuvre. Musk est prêt à débourser 4 millions de dollars pour acheter deux fusées Dniepr. Lui exige 12 millions pour chacune. Au bout de quelques minutes de discussion, Elon accepte de payer 4 millions par fusée. «Le colonel n'était pas vraiment impressionné par le discours de Musk. Il ne comprenait pas ce que ce jeune type venait faire ici. Au bout d'un moment, j'ai compris qu'il le traitait de petit garçon, l'insulte suprême venant de ce type de personnage. La négociation s'est arrêtée là», raconte Cantrell. En réalité, quel que soit le prix, les Russes n'ont jamais eu l'intention de vendre leurs engins à ce jeune startuper qu'ils considèrent comme un illuminé. Quelques heures après leur dernier rendez-vous, les trois Américains reprennent l'avion pour New York sans avoir signé aucun contrat.

L'histoire aurait pu s'arrêter là. Sans fusée, Musk aurait pu ranger dans un carton ses rêves martiens. Un autre, à sa place, aurait sans doute abandonné. Quelques heures après le décollage, soulagé que cette aventure moscovite prenne fin, Griffin et Cantrell sont en train de siroter tranquillement leur whisky, quand, dans son coin, Musk tape furieusement sur le clavier de son ordinateur portable. « Nom de Dieu, qu'est-ce que ce savant idiot peut bien encore fabriquer ? » lance Griffin suffisamment fort pour que le milliardaire l'entende. « Probablement préparer un nouveau plan pour sauver la Terre », répond Cantrell, dans un éclat de rire. Piqué au vif, Elon Musk relève la tête : « Eh, les gars, les Russes ne veulent pas nous vendre leurs fusées. Pas grave, je pense qu'on peut les construire nous-mêmes. » Et le voilà qui détaille aux deux ingénieurs ses propres calculs de masse, ses dessins, ses projets. « On prend alors conscience que cela faisait plusieurs mois que, dans son coin, Musk travaillait sur un plan B. Il avait potassé des livres, s'était plongé dans les équations, la physique des matériaux, les différents types de propulsion. À quelques détails près, ce sont les plans du premier Falcon qu'il nous a montrés dans l'avion », raconte Cantrell. Le 14 mars 2002, SpaceX était officiellement créé.

6

Musk et le rêve martien de Boca Chica

Impossible de passer devant sans marquer un temps d'arrêt. Au siège de SpaceX à Hawthorne, juste avant le bureau du big boss, s'étalent en grand format deux affiches de la planète Mars. Sur celle de gauche, l'astre tel qu'il est aujourd'hui : rouge, stérile, hostile. Sur celle de droite, la vision rêvée d'une planète rendue habitable, accueillante, couverte d'une végétation luxuriante et parsemée d'océans. Impossible, pour les passionnés de science-fiction, de ne pas y voir une référence appuyée à *La Trilogie martienne*, l'œuvre phare de Kim Stanley Robinson, chroniquant la colonisation et la terraformation de Mars.

De tous les titans de l'industrie de la tech, Elon Musk est sans doute celui pour qui la frontière entre l'homme de chair et le personnage de fiction est la plus ténue. Dans son obsession de contrôle poussée à l'extrême, il écrit lui-même le film de sa vie, quitte à magnifier certains pans et à en gommer d'autres. Au fil des années, il n'a cessé de passer de l'autre côté du miroir, multipliant les allers-retours entre la réalité et le fantasme. Entre le concret de ses projets et le rêve de ses ambitions. Jusqu'à confondre l'homme et le personnage de film pour incarner son double fantasmé. Dans *Iron Man 2*, il joue son propre rôle, discutant tranquillement lors d'un cocktail avec le richissime Tony Stark, *alias* Iron Man, de ses projets de jet électrique. Dans l'un des épisodes de la série *The Big Bang Theory*, le personnage Howard Wolowitz, ingénieur dans le domaine aérospatial dont une des erreurs conduit à la découverte fortuite de la vie sur Mars, croise le chemin de son modèle, incarné par Musk lui-même. Enfin, dans *Machete Kills*, sorti en 2013, le héros est chargé par le président des États-Unis de sauver le pays d'une menace nucléaire, et est épaulé par Musk qui l'accompagne jusqu'à une fusée SpaceX, laquelle lui permet de poursuivre sa cible.

Sauver l'humanité, voilà un scénario qui a dû plaire au milliardaire, qui se rêve en personnage de Marvel, comme si l'adulte d'aujourd'hui faisait corps avec les superhéros des *comics* qu'il a lus, enfant. La compréhension de ce destin messianique couplé à une obsession martienne est indispensable pour appréhender la galaxie muskienne. Quelle relation peut-il bien y avoir entre les fusées, les bolides électriques, les panneaux photovoltaïques, les tunnels, ou encore l'Internet par satellite ?... À première vue, rien, à part un assemblage hétéroclite aussi génial que décousu. Il y a pourtant bien une cohérence dans l'empire qu'il a construit en l'espace de vingt ans. Le fil invisible est indéniablement celui de la conquête de Mars. Si la création de SpaceX sonne comme une évidence, car il faut bien une fusée pour aller sur la planète rouge, celle de SolarCity se justifie également. Une fois l'engin arrivé sur Mars, l'énergie sera indispensable pour alimenter la colonie ; SolarCity, intégré à Tesla depuis 2016, pourra ainsi fournir ses panneaux solaires et ses batteries stationnaires. Les déplacements à l'extérieur seront difficiles, au moins au début, tant les radiations sont fortes. Il faut donc envisager des tunnels, dans lesquels des Tesla entièrement autonomes circuleront. Et Starlink, dans tout ça ? Une constellation de satellites en orbite basse apportera l'Internet sur Mars et au-delà… Quant aux robots Optimus, ils auront pour mission d'aider les hommes à construire leurs premières bases martiennes dans un environnement extrêmement dangereux. Cette première colonie, SpaceX rêve même d'en décider l'organisation politique et juridique, Mars étant vouée à incarner la première grande démocratie pure et parfaite, où les différends seront réglés selon des principes d'autogestion établis à l'avance, sans le *diktat* d'aucun gouvernement terrien…

« Son discours sur la colonisation de Mars peut sembler délirant, mais c'est le mythe ultime qu'il vend à tous les ingénieurs qui travaillent chez SpaceX, the Boring Company ou Tesla. Et c'est pour cela qu'ils sont prêts à supporter les cadences infernales, les humiliations, le stress permanent », raconte un ancien ponte de SpaceX.

Pour figurer ce mythe, il fallait un lieu, façonné par sa main, et qui serait la dernière étape terrienne avant la planète rouge. Cet endroit s'appelle Boca Chica, un *no man's land* à l'extrême sud du Texas, le long de la frontière mexicaine. Le lieu n'a d'exotique que le nom. Ni hôtel de luxe, ni bar branché, ni marina pour yacht de croisière, ni restaurant attrape-nigaud pour touristes en goguette. Un étroit ruban d'asphalte ondule sur des kilomètres sous un ciel laiteux. Au loin, des brumes de chaleur dansent au ras du sol ; le bitume semble se liquéfier sous les flèches des rayons solaires. L'air brûlant alourdit tout, dilate le temps. Sans crier gare, on tombe sur la plage, longue langue de sable doré, qui s'étire jusqu'à l'embouchure du Rio Grande. Sur la gauche, le long de la route, la lagune s'étend à perte de vue jusqu'à San Padre Island, où les barres d'hôtels ressemblent à de petites allumettes scotchées sur l'horizon. De l'autre côté, la Loma, sorte de lande impénétrable tapissée de cactus et hérissée de yuccas, abrite coyotes et serpents à sonnette.

Pendant longtemps, seuls les habitants du coin connaissaient ce bout de terre oublié. Depuis des lustres, ils y venaient le week-end dans leurs gros pick-up Silverado Chevrolet, pique-niquaient en famille, et lançaient d'immenses cannes à pêche dans les eaux transparentes et poissonneuses du golfe du Mexique. Cette plage, c'était leur dernier espace de liberté, l'endroit où ils reconstruisaient le camp, ultime réminiscence d'un passé de pionniers conquérants.

Mais ça, c'était avant. Avant que Musk décide de faire de Boca Chica l'écrin de sa conquête multiplanétaire. Ici, le milliardaire entend poursuivre le rêve américain. Ironie de l'histoire, c'est ici aussi que les États-Unis sont vraiment nés, dans le sang de la dernière bataille de la guerre de Sécession. En juin 1865, un mois après la reddition du général Lee, un bataillon de confédérés tente une ultime offensive. La centaine d'hommes est finalement massacrée, à quelques kilomètres seulement du Mexique.

Avec Elon Musk, le passé s'effiloche. La nature sauvage s'incline devant la technologie. Depuis 2014, Boca Chica tombe peu à peu dans l'oubli pour laisser place à la Starbase, le site de construction et de lancement du Starship, la plus grosse fusée jamais construite au monde, la fameuse «*fucking big rocket*», comme le milliardaire aime à l'appeler. L'engin, nous l'avons dit, est monstrueux, haut de 120 mètres, capable de transporter 100 tonnes de matériel : hors normes, il renvoie toutes les autres fusées existantes à l'âge de pierre de l'industrie spatiale. Le projet illustre parfaitement la mégalomanie du milliardaire. Avec le Starship, Elon Musk ambitionne de donner à l'humanité la possibilité d'échapper à un déclin inéluctable sur une Terre rongée par la pollution et menacée par une Troisième Guerre mondiale. À Boca Chica, Musk, le businessman redoutable et visionnaire, s'est métamorphosé en gourou New Age.

Pour découvrir la Starbase, à des années-lumière d'une étendue industrielle hautement sécurisée, il faut y arriver en fin de journée, lorsque les rayons rasants du soleil découpent toutes les formes. Les badauds peuvent s'approcher à quelques dizaines de mètres seulement des fusées. Il faut bien entretenir la légende. Chaque jour, ils sont des dizaines à longer le site : on y amène les enfants, on y prend des photos pour immortaliser la visite. Le long de Remedios Avenue, comme posés presque par hasard, les appareils sont alignés à la vue de tous, simplement protégés par une modeste barrière. Ce n'est pas un garde de sécurité, mais un pick-up aux vitres fumées qui rappelle à l'ordre les curieux un peu trop entreprenants.

SpaceX n'a pas souhaité répondre à nos questions ni nous ouvrir ses portes. Qu'importe, les lieux sont à ciel ouvert. Nous découvrons d'abord la partie inférieure de la fusée Super Heavy – le booster –, un cylindre de 69 mètres de haut et de 9 mètres de diamètre, équipé de 33 moteurs qui fonctionnent grâce à un mélange d'oxygène et de méthane liquide. À côté, trois modèles de Starship – la partie supérieure de l'engin, censée transporter matériel et astronautes – s'élancent vers le ciel. Au pied des fusées gît un fatras de tubes en acier, de câbles électriques et de cabanes de chantier. Ceux qui rêvaient de laboratoires high-tech et de chercheurs en blouse blanche en sont pour leurs frais. Ce bric-à-brac industriel s'étend sur des hectares. Un peu plus loin, deux immenses hangars abritent les sites de fabrication, l'un pour les boosters, l'autre pour les Starship. Entre les bâtiments, une cinquantaine de caravanes Airstream en aluminium se tiennent sur une pelouse synthétique vert pomme et grillent au soleil. Elles sont réservées aux ouvriers et à quelques invités de SpaceX.

En continuant sur Remedios Avenue, on débouche sur Boca Chica Village, qui s'apparente en réalité à une trentaine de modestes baraques en brique, rangées en ligne et entourées de jardinets roussis. La plupart des maisons ont été rachetées par SpaceX et repeintes en blanc et gris, les autres semblent sécher sur place. Tout au bout, directement sur la plage, le pas de tir attend patiemment les premiers tests orbitaux de la fusée. En juin 2022, SpaceX a poussé un soupir de soulagement lorsque la Federal Aviation Administration (FAA), l'agence gouvernementale chargée de la régulation de l'aviation, a autorisé l'industriel à reprendre ses essais après une série d'explosions. Le ballet des camions est alors revenu de plus belle, et les sonneries stridentes indiquant les changements d'équipe ont à nouveau couvert le ressac. De jour comme de nuit. Boca Chica ne dort jamais.

Rien ne prédestinait SpaceX à construire ses fusées le long de la frontière mexicaine. Dès 2011, Elon Musk, qui cherche un endroit vierge loin du tumulte de Los Angeles, commence à discuter avec l'Agence de développement économique de Brownsville, située à une quarantaine de kilomètres de Boca Chica. En 2012, il achète en catimini quelques centaines d'hectares. Mais d'autres villes sont sur les rangs, prêtes à toutes les concessions pour accueillir les projets fous du milliardaire, comme Porto Rico, de même que la Géorgie ou la Floride. Un homme en particulier se souvient des négociations : Carlos Cascos, l'ancien juge à la tête du comté de Cameron, où se situe Boca Chica. C'est lui qui a signé le contrat avec SpaceX à l'automne 2014. « Au départ, notre offre financière n'était pas la meilleure, mais le Texas, avec à sa tête Rick Perry, a mis les bouchées doubles », raconte-t-il aujourd'hui. Le gouverneur républicain de l'État, qui a par la suite été nommé secrétaire d'État à l'énergie de Trump, est généreux : il propose à Musk un allégement fiscal de près de 30 millions de dollars et l'assurance que SpaceX ne paiera aucun impôt foncier pendant dix ans. À cela s'ajoute une enveloppe de 15 millions pour couvrir les travaux d'infrastructure, et notamment l'assèchement d'une partie de la lagune. « À l'époque, j'ai été beaucoup critiqué pour avoir signé ce paquet fiscal, mais je pensais que c'était bon pour l'économie. Et dès 2024, on commencera à encaisser des impôts », plaide Carlos Cascos.

Maria Pointer aussi se souvient de l'arrivée de SpaceX. Casquette au logo de l'entreprise vissée sur la tête, elle sillonne la Starbase au volant de son gros 4 × 4. Tous les jours, elle passe devant son ancienne maison, une bicoque en bois aujourd'hui mangée par le site industriel. Sur sa carte de visite, on peut lire sa fonction : « Premier voisin de SpaceX à Boca Chica ». Comme une trentaine d'autres habitants du village, elle a finalement quitté les lieux, cédant aux pressions de l'entreprise. Au début des années 2000, cette ancienne capitaine de bateaux de la marine marchande avait acheté, avec son mari, pour une bouchée de pain, cette bâtisse, dans l'optique de vivre là une retraite monastique. L'endroit est presque coupé du monde, l'eau courante n'arrive même pas jusqu'au village. En 2008, l'ouragan Dolly détruit quasiment l'habitation. Qu'importe, ils dépensent toutes leurs économies pour la reconstruire à l'identique.

« Ce n'est qu'en 2012 que j'ai entendu pour la première fois parler d'Elon Musk, et, en 2014, quand le chantier de la Starbase a commencé, je ne savais même pas ce qu'ils allaient faire, ils ne sont jamais venus nous voir », confie-t-elle. À quelques dizaines de mètres seulement de la fenêtre de sa chambre à coucher, le couple assiste, incrédule, à la construction des fusées, aux premiers tests, aux explosions accidentelles qui fendillent les vitres et font trembler la maison... Chaque matin, le *morning meeting* des ouvriers du chantier se tient devant leur porte d'entrée. Le bruit assourdissant, les allées et venues des camions s'invitent dans le quotidien des Pointer, tout comme les intimidations de SpaceX pour quitter les lieux. «J'ai même été un jour menacée par un agent de sécurité armé. Tout ça parce que je m'approchais un peu trop du chantier. »

À l'été 2019, SpaceX propose de racheter la maison pour un peu plus de 100 000 dollars, mais le couple refuse. « Puis, mon mari est tombé malade, on ne dormait plus et nous avons fini par accepter l'offre quelques mois plus tard. » Aujourd'hui, Maria vit de l'autre côté de la lagune, à Port Isabel. Tous les jours, elle rejoint la Starbase, joue les guides pour touristes VIP et photographie l'évolution du chantier. Ses clichés, elle les vend dans le monde entier. «Je n'en veux pas à Musk. Et puis que voulez-vous faire contre l'homme le plus riche du monde ? On ne peut pas aller contre le progrès », lâche-t-elle, fataliste, en montrant du doigt le toit de son ancienne maison qui émerge au milieu d'un entrelacs de bâtiments.

D'autres habitants ont, eux, décidé de résister jusqu'au bout. Devant sa petite demeure en brique rouge, Gale McConnaughey, visage buriné et barbe argentée, se présente comme le dernier résident à l'année de Boca Chica. « Tous mes voisins sont des cadres de SpaceX qui passent leur journée à travailler. Je ne les vois jamais et je ne leur ai même jamais parlé. » À lui aussi, l'entreprise a proposé de racheter son bien pour près de 190 000 dollars. « Que voulez-vous que je fasse avec cette somme ? Je ne pourrai jamais me payer une autre maison si proche de la mer. Moi, je suis venu du Michigan pour passer ma retraite à pêcher. Je ne partirai pas », déclare-t-il, avant de remettre un gros casque antibruit sur ses oreilles et de refermer prestement sa porte.

Changement de décor : à une trentaine de kilomètres de la Starbase, à l'entrée de Brownsville, de grands panneaux publicitaires, montrant le fameux Starship sous un ciel étoilé, annoncent la couleur. « Brownsville, loin et au-delà », peut-on lire, en lettres capitales. Dans cette ville qui compte près de 200 000 habitants, l'arrivée de SpaceX a longtemps été vue comme un cadeau du ciel. L'agglomération est à la fois l'une des plus jeunes et des plus pauvres des États-Unis. L'âge moyen des habitants est de 29 ans. Près de 25 % des ménages vivent sous le seuil de pauvreté, contre 13,4 % dans le reste du Texas. Le revenu médian est d'environ 36 % inférieur à la moyenne américaine. Ici, le niveau d'éducation est l'un des plus faibles du pays ; l'obésité touche les trois quarts de la population et le diabète fait des ravages chez les enfants. Brownsville est un poste-frontière coupé en deux par le mur de Trump et le Rio Grande. De l'autre côté du pont, sa jumelle mexicaine, Matamoros, est gangrenée par les cartels de la drogue qui ferment la frontière quand bon leur semble, bloquant le passage par d'énormes camions mis en travers de la route. « Il n'y a jamais vraiment eu d'industries, côté américain. Ici, les gens vivent de l'activité du port et de l'agriculture, de la culture du coton, des légumes ou des céréales », détaille Pat Hobbs, le directeur de Workforce Solution, sorte de Pôle emploi local.

Dans l'ancien bureau de poste du centre-ville, un magnifique bâtiment en pierre blonde de quatre étages construit au début des années 1930, Helen Ramirez prêche la bonne parole. L'élue d'une quarantaine d'années, chargée du développement économique, est la figure montante de Brownsville, visage sévère, cheveux soigneusement lissés en arrière. Le business, c'est son affaire. Et son discours est bien rodé. « SpaceX a braqué le projecteur sur nous, et c'est une chance incroyable. Les retombées économiques sont bien réelles. L'entreprise a créé 1 600 postes, et même 6 000 en comptant les emplois indirects chez les sous-traitants. C'est le premier employeur privé de la ville. En additionnant les salaires, les travaux de construction et d'infrastructures et tous les investissements, SpaceX a dépensé localement près de 430 millions de dollars depuis 2014. » Et la jeune femme de conclure : « 95 % du Starship est fabriqué ici, par de la main-d'œuvre locale. C'est une immense fierté. »

Comment expliquer alors le léger malaise qui nous étreint, lorsque nous quittons le bureau d'Helen Ramirez et que nous débouchons dans Elizabeth Street, la rue principale de Brownsville ? La ville semble déserte et à l'abandon. La plupart des magasins sont fermés. Les seuls encore ouverts, des Grande Mercado, d'où s'échappe une musique pop latino gueularde, vendent pêle-mêle bondieuseries mexicaines et pacotilles chinoises à moins d'un dollar. Dans les devantures, quelques chaussures poussiéreuses hors d'âge côtoient des tee-shirts aux couleurs délavées par les années. Le cinéma Art déco a baissé le rideau depuis des décennies. À quelques pâtés de maison, dans le quartier historique, où les belles et grandes maisons en bois rappellent l'architecture de La Nouvelle-Orléans, l'ambiance n'est guère plus trépidante. Sur beaucoup de ces magnifiques villas du XIXe siècle, le bardage a été arraché, les fenêtres sont condamnées, et les toitures, branlantes.

Très loin du discours policé d'Helen Ramirez, Laura Cisneros raconte une autre histoire. Cette médecin oncologue à la retraite et ancienne candidate démocrate au Congrès laisse exploser sa colère. « De quelles retombées économiques parlez-vous ? Vous avez vu le centre-ville ? Ici, tout n'est que copinage et corruption. Quant aux emplois créés par SpaceX, beaucoup, et notamment les mieux rémunérés, sont occupés par des ingénieurs et des cadres venus d'ailleurs, de Californie, de Houston ou d'Austin », affirme-t-elle.

L'emploi, c'est la mère des batailles. Pour la ville, mais pour SpaceX aussi. Dans le comté de Cameron, le taux de chômage est deux fois plus élevé que dans le reste des États-Unis et la main-d'œuvre est peu qualifiée. L'université locale fournit bien son lot de scientifiques et d'ingénieurs, mais jusqu'à présent, la plupart quittaient les lieux, une fois diplômés, pour des cieux plus rémunérateurs. Alors, la ville et le comté ont redoublé d'efforts pour former la population et permettre à SpaceX de recruter sur place. Car il faut de tout. Des ingénieurs évidemment, mais pas seulement : des soudeurs – beaucoup –, des électriciens, des chaudronniers, des spécialistes du travail de l'acier…

Pat Hobbs, le patron de Workforce Solution, a pris son bâton de pèlerin et ouvert grand son carnet de chèques. «Je suis allé dans les écoles, parler aux enfants de 12 à 14 ans des métiers proposés par SpaceX, sensibiliser les professeurs. Et puis nous avons financé des formations adaptées, raconte-t-il. L'université a aussi développé des programmes spéciaux et nous avons accordé une subvention de 500 000 dollars au collège pour qu'il achète un tube orbital sur lequel les élèves soudeurs puissent s'entraîner», détaille-t-il.

Au printemps 2020, au lendemain de l'explosion accidentelle d'une de ses fusées, Elon Musk promet de verser 20 millions de dollars aux écoles et 10 millions à l'agglomération de Brownsville pour revitaliser le centre-ville. «Mais où est passé l'argent? s'interroge Laura Cisneros. Demandez à Helen Ramirez, je serais curieuse d'entendre sa réponse.» Le bel aplomb de l'adjointe au maire se fissure quand on lui pose la question. Pour cause, le bilan est bien maigre : «Nous avons commencé à refaire une partie des lampadaires et financé deux fresques dans le centre-ville.» Pour les politiques locaux, les deux grandes peintures réalisées en 2021 symbolisent déjà le renouveau de la commune et augurent un avenir tourné vers les étoiles, forcément lumineux.

C'est le genre de symbole avec lequel on ne plaisante pas, comme en a fait l'amère expérience Rebekah Lynn Hinojosa, une activiste de l'association environnementale Sierra Club de la Rio Grande Valley. En début d'année, la jeune femme a passé vingt-six heures dans la prison de Brownsville pour avoir tagué, sous la fresque qui orne un des murs de l'ancien théâtre du Capitol, le message suivant : «*Gentrified: stop SpaceX*[1] », dénonçant le risque de voir les populations les plus pauvres poussées hors de la ville. Le texte a été effacé dès le lendemain par les services municipaux, mais a eu le temps de faire le tour des réseaux sociaux; de quoi faire enrager le maire de la ville, Trey Mendez. Alors ce dernier n'a pas hésité à publier un post Facebook dénonçant le crime de la militante, en donnant son nom et sa profession. Intimider, punir, et jeter en pâture à la vindicte populaire. À travers la jeune femme, c'est un message très clair qui est envoyé à tous les activistes : on ne touche pas à Elon.

Si, pour le moment, les habitants de Brownsville ne voient guère ruisseler les dollars de Musk, ils sont déjà touchés de plein fouet par la flambée des prix de l'immobilier. Depuis 2019 et la mise en service de la

1. «Centre-ville gentrifié : dites non à SpaceX.»

Starbase, les ingénieurs de SpaceX, tout droit arrivés de Californie les poches pleines, achètent les plus belles demeures sans regarder à la dépense, faisant grimper par ricochet tout le marché. « Il y a seulement deux ans, vous pouviez trouver une belle maison pour 215 000 dollars ; aujourd'hui, le même bien ne se négocie pas à moins de 300 000 », lâche Arnie Grienin, ancien chef cuisinier, reconverti dans la conciergerie pour locations de luxe. Dans le fatras du petit local qui sert de siège à son entreprise Coastal Lifestyle, le sexagénaire doit forcer la voix pour couvrir le son de Fox News, la très conservatrice chaîne d'informations qui tourne en continu. « La seule à regarder, si vous voulez connaître la vérité », martèle-t-il, en nous pointant du doigt. Une valse des étiquettes qui bouleverse le précaire équilibre local. Jusqu'ici, les prix bas de l'immobilier permettaient même aux plus pauvres de se loger. Plus les tarifs grimpent, plus leur avenir s'écrit ailleurs.

Les habitants du comté de Cameron voient également que depuis l'arrivée d'Elon Musk et de ses ambitions martiennes, l'accès à la plage de Boca Chica se réduit comme peau de chagrin. À chaque tentative de lancement, lors des tests des moteurs Raptor, etc., la Texas 4, la seule route menant au front de mer, est barrée, parfois pour une journée, très souvent pour plusieurs. Pire, les habitants ne sont pas toujours avertis en amont et doivent faire demi-tour, la mort dans l'âme. Le sujet a le don d'agacer Carlos Cascos. « Dans le contrat que nous avons signé à l'époque, il était stipulé qu'ils avaient le droit de fermer la route une fois par mois, pas quatre ou cinq fois comme c'est le cas aujourd'hui. » L'avocat, déjà en campagne pour retrouver son poste de juge du tribunal dans le comté de Cameron au mois de novembre 2022, montre les muscles : « Il va falloir que cela change, sinon nous devrons négocier un nouveau contrat ! »

Vu de notre côté de l'Atlantique, l'affaire peut sembler anecdotique. C'est loin d'être le cas dans l'extrême sud du Texas. Là, dès le vendredi soir, sont empilés à l'arrière du pick-up les glacières *king size*, le barbecue, la sono, et il n'est pas rare qu'on embarque un groupe électrogène pour faire fonctionner un réfrigérateur, qui ne reverra la terre ferme que le dimanche soir. Petite particularité locale : l'usage veut qu'on se gare sur le sable, presque à touche-touche avec l'eau, ce qui confère à la plage paradisiaque de Boca Chica un étrange air de concession automobile. Il n'est pas étonnant donc que, dans les années 1990, un référendum ait été organisé pour que le *Texas Open Beaches Act* – garantissant au public un accès libre et illimité aux plages texanes – soit gravé dans la Constitution de l'État. « Aller sur Mars, c'est le projet de Musk, pas le nôtre. La mer, c'est notre seule distraction, résume Laetitia Mancilla, une toute jeune retraitée, qui pêche ce jour-là avec son neveu venu du Mexique. Et puis, finalement, qui va aller sur Mars ? Certainement pas les gens de Brownsville : nous, nous sommes pauvres. Ça concernera encore les 1 % les plus riches. »

Brownsville : une seule terre pour deux mondes aux trajectoires asymétriques. Aux plus démunis, les désagréments et le sentiment amer de la défaite, et aux plus forts, les rêves interplanétaires et les mille occasions de réussite qui les accompagnent. Le 22 juin 2022, un grand symposium dédié au domaine spatial est justement organisé par la mairie pour réunir tout ce que le comté compte d'huiles locales, de startupers et de financiers. On y partage des cartes de visite, quelques amabilités et la conviction profonde qu'en installant sa Starbase, Musk a fait de la ville la plus méridionale des États-Unis la nouvelle élue, un cap Canaveral en plus grand, en plus beau, appelé à écrire une page grandiose de l'histoire américaine. Mais pour le moment, les contours de ce rêve demeurent assez flous. Le Brownsville Community Improvement Corporation (BCIC), un des bras armés de la ville dédié au développement économique, a bien créé un incubateur qui devrait, à terme, faire grandir soixante start-up, mais au printemps 2023, elles ne sont que trente-deux à l'avoir intégré, et les modalités d'accompagnement restent à imaginer. « Nous accueillons des start-up du spatial à l'instar de Lunar Station Corporation, qui vient de Boston et fait de la topographie sur Lune, ou encore de Permittivity, une jeune pousse locale capable de détecter par satellite la moindre fuite de produits chimiques sur un site industriel, mais nous avons aussi des start-up axées sur le changement climatique, la nourriture… » déroule Cori Pena, la directrice du BCIC, persuadée, elle aussi, d'être aux prémices d'une aventure sans précédent.

La société Astria, qui ambitionne de créer des maisons en acier énergétiquement autonomes, livrées en kit et qui se montent en seulement sept jours, notamment pour coloniser Mars, n'a pas encore intégré l'incubateur. Mais cela n'empêche pas sa patronne sud-africaine, diplômée d'un master en neurosciences de l'université de Bordeaux, d'avancer à grand pas. « Nous allons construire dès janvier 2023 un premier lotissement de 125 maisons à Brownsville – dont 30 % sont déjà vendues –, s'enthousiasme la jeune femme, qui a traversé la moitié de la planète pour marcher dans les pas de Musk. Depuis que j'ai lu sa biographie, je veux participer à tout ce qu'il crée. »

Elle n'est pas la seule à avoir tout quitté pour suivre le prophète entrepreneur. « L'appel de Musk », un tweet envoyé le 30 mars 2021 – soit moins d'une heure après que son prototype de Starship est parti en fumée –, et qui enjoignait à sa communauté de 100 millions d'abonnés de s'installer dans la région, a agi comme un détonateur. « Le jour même, le téléphone n'a pas arrêté de sonner », se rappelle Cori Pena. Dans le flot des appels se distingue celui des fondateurs de Paragon, une start-up qui travaille à l'élaboration de drones capables de déplacer des personnes sur de courtes distances, mais aussi celui du Californien Jim Turner, qui a arpenté une bonne partie de l'Amérique du Sud dans sa précédente vie d'archéologue, avant de monter son entreprise de construction de bâtiments en chanvre. « Je me suis dit : “Il veut coloniser l'espace et moi, je veux fabriquer des maisons d'un nouveau genre : c'est un signe du destin ! ” » se remémore le quadragénaire. Il nous accueille dans son ranch aux allures de paradis perdu, à la sortie de Brownsville. Un mois après le tweet de Musk, il atterrit à Brownsville, achète un ranch pour seulement 250 000 dollars et vend, dans la foulée, sa maison de Berkeley. À l'automne, il emménage dans sa nouvelle demeure texane avec femme et enfants. « Et je m'en félicite tous les jours : la réglementation est bien plus souple qu'en Californie, les incitations fiscales sont particulièrement avantageuses, et la ville et le comté font tout pour nous faciliter la vie. »

Fiscalité douce, boom économique en vue… L'appel de Musk a également attiré de nombreux investisseurs comme Brant Arseneau, le P.-D.G. de 9Point8 Capital. Après vingt-cinq années passées dans la finance à Wall Street, ce costaud au crâne rasé rêve de devenir rien de moins que le J.P. Morgan de l'espace. Avec son groupement de sociétés financières, il est déjà présent dans les principaux centres économiques des États-Unis, et arpente le Texas depuis deux ans. « J'ai vécu de l'intérieur le boom de la Silicon Valley dans les années 1980, et je retrouve à Brownsville la même atmosphère, les mêmes enjeux : celles d'un Far West à défricher. »

De son côté, Correll Lashbrook avait quitté son confortable poste new-yorkais de directeur informatique du Mont Sinaï Hospital depuis déjà quelques semaines quand le tweet annonciateur est tombé. Ce dernier n'a fait que renforcer la détermination de ce grand gaillard de 35 ans, qui, derrière sa longue barbe et son chapeau de paille, cache un financier aguerri ayant fait fortune dans l'immobilier. En janvier 2021, il lâche tout, et crée Gateway to Mars pour investir dans des start-up locales et acheter des biens en déshérence, comme le Basecamp Starbase, où il nous a donné rendez-vous. Un nom un brin pompeux pour cet ancien tripot clandestin avec vue sur le mur de Trump, situé à une dizaine de kilomètres de la Starbase. «Je prends mon temps, je rencontre des gens, je n'ai pas encore de relations avec SpaceX, mais quand le boom de l'immobilier sera vraiment là, alors je pourrai construire des maisons, des hôtels... égrène-t-il dans un grand sourire. Lors des premiers essais de lancement, avant la pandémie, 2000 à 3000 personnes sont venues ici. Imaginez le potentiel quand Elon fera décoller une fusée par mois!» ajoute Edgar Navarro, patron de Beyond Media, une société d'événementiel, et membre de la commission du tourisme de Brownsville.

Nul besoin d'avoir une idée révolutionnaire ou de solides économies pour décrocher son morceau d'étoile. Jessica Kirsch, grande brune sautillante, a ainsi abandonné son Arizona natal pour devenir youtubeuse, juste après que la parole de Musk a été délivrée en 280 signes. Chaque jour, elle prend son 4 × 4 en direction de la Starbase pour de longs *livestreams*, dans lesquels elle tente de décrypter le ballet des camions et le moindre mouvement des ouvriers pour ses 14000 abonnés. Un nombre pas encore assez élevé pour en vivre, mais suffisant pour croire en des jours meilleurs.

Au côté de ces investisseurs, entrepreneurs, rêveurs, on trouve – comme toujours – les petits malins, ceux qui se moquent bien de savoir si, oui ou non, l'avenir sera multiplanétaire, mais qui ont rapidement compris que se trouvait là un bon moyen d'arrondir les fins de mois. À moins de 10 kilomètres de la Starbase, une boule de démolition repeinte façon Smiley indique l'entrée du chemin de terre pour rejoindre le Massey's Gun Shop and Range, un stand de tir où, pour une cinquantaine de dollars, on peut s'initier en famille aux joies du AK-47. La modeste baraque en bois perdue au milieu des cactus se révèle l'endroit le plus proche du site de SpaceX, lorsque la route est fermée pour cause de lancements. Le propriétaire des lieux a donc eu l'idée de faire payer 20 dollars par voiture pour assister au plus près au déchirement du ciel dans un bruit de fin du monde.

Parmi les nombreuses rumeurs qui électrisent les zélotes de Musk, celle de la création d'une Starbase City, en lieu et place de Boca Chica, tient le haut du pavé, car tous imaginent une ville incroyablement futuriste, mais surtout parce qu'elle est alimentée par le multimilliardaire en personne. Début mars 2021, il se prenait ainsi en photo à Boca Chica, commentant en légende : « *Creating the city of starbase, Texas*[1]. » « Un pur fantasme, assure l'ancien juge du comté Carlos Cascos. Il peut construire des maisons pour ses employés, amener l'eau potable, et même changer le nom de la ville – et encore, il lui faudra beaucoup d'autorisations –, mais il n'aura jamais le droit d'exproprier, d'avoir ses propres routes ou sa propre police. » Edgar Navarro abonde : « Il semble plutôt vouloir créer une sorte de Disneyland du spatial. Ses équipes auraient déjà finalisé des plans pour installer des hôtels, des

1. « En train de créer la cité de la Starbase, Texas. »

restaurants… et elles seraient même en phase de recrutement. »

Si Musk a acheté autant de terres qu'il pouvait autour de la Starbase, ses ambitions ne sont guère en mesure de rivaliser en taille avec les parcs de Mickey et consorts. SpaceX s'est en effet installé au cœur d'une zone protégée, dont les parcelles appartiennent à la United States Fish and Wildlife Service. Ces centaines d'hectares ont été classés dans les années 1980 non seulement pour leur végétation unique – on répertorie cinq cents espèces d'arbres et de végétaux différentes –, mais aussi pour l'abondante faune qui y vit. « On y trouve des coyotes, des lynx roux, des ocelots – sorte de petits léopards de la taille d'un gros chat –, des tortues de Kemp, qui viennent pondre sur la plage, des dauphins, des serpents à sonnette… et nombre de ces espèces sont en voie ou en risque de disparition », détaille David Newstead, biologiste et directeur du programme des oiseaux côtiers. Cet homme au look d'explorateur est un farouche opposant à Musk et sa Starbase : « Vous vous rendez compte que, la première fois qu'il a présenté publiquement son projet de base spatiale, il s'est enthousiasmé en disant : "C'est génial, il n'y a rien autour ; si nos fusées explosent, aucun souci" ? Ça en dit long sur son intérêt pour l'environnement ! » enrage le scientifique, le regard rivé sur une nuée de pélicans bruns.

Les lagunes qui enserrent le site constituent par ailleurs une zone de reproduction unique au monde pour de très nombreuses espèces d'oiseaux migrateurs. Sans parler des (nombreuses) explosions qui ont disséminé des débris sur des kilomètres à la ronde, l'activité incessante sur le site et le ballet des camions perturbent grandement les nichées. « Nos relevés montrent déjà que la population de pluviers siffleurs, un petit oiseau qui passe tout l'hiver ici, a clairement chuté ces dernières années », pointe David Newstead. Certes, le rapport de la FAA, rendu public à la mi-juin 2022, pointe soixante-quinze mesures que SpaceX doit prendre pour réduire son impact environnemental, mais le biologiste n'a plus confiance. « Les politiques sont prêts à toutes les compromissions pour que Musk reste, et ce dernier en a parfaitement conscience. »

Enfin, Juan Mancias, chef de la tribu indienne carrizo, n'a jamais eu confiance en Musk. « Boca Chica est un site sacré pour nous, et nos anciens y sont enterrés. Il y a cinq cents ans, les Espagnols sont venus et nous ont chassés de nos terres ; Musk et ses équipes poursuivent la colonisation », accuse le colosse aux cheveux longs et au large collier de perles bigarrées. Selon le sexagénaire, une prophétie indienne avait même annoncé la venue du milliardaire. Il sort alors son smartphone, fouille quelques instants dans ses photos, puis nous tend l'appareil. « C'est une fresque découverte dans une grotte non loin d'ici, elle est vieille de plusieurs centaines d'années et montre clairement ce que sera la Starbase avec les fusées tendues vers le ciel. » L'interprétation est libre, mais le combat est viscéral. « Musk veut réaliser son rêve martien. Nous, tout ce qu'on veut, c'est qu'il nous rende nos terres. » Juan Mancias a certes essayé de contacter le patron de SpaceX, mais il n'a jamais obtenu de réponse.

Aujourd'hui, avec les membres de sa tribu, il essaie de racheter autant de terres que possible aux alentours du site et rêve d'un grand procès qui rendrait justice à son peuple.

Le combat d'un chef indien contre l'homme le plus riche de la planète… L'histoire pourrait inspirer des scénaristes d'Hollywood en manque d'idées. Kim Stanley Robinson, lui, s'en désole. L'écrivain ne se retrouve pas dans les délires de Musk, alors même que ce dernier rêvait en lisant ses ouvrages. « Je l'admire, et ce qu'il a fait de Tesla et SpaceX est incroyable. Mais son projet martien ressemble à de la mauvaise science-fiction. Pour sauver l'humanité, la conquête de Mars est moins importante que la lutte contre le réchauffement climatique sur Terre. Voilà quelle devrait être sa véritable priorité », nous confie Robinson. Des critiques que le patron n'entend sans doute pas. Au premier semestre 2023, le Starship devrait effectuer son premier vol en orbite basse. Un (petit) pas de plus vers la planète rouge.

7

L'évangile selon Elon

Comme souvent, Elon est en retard. Trop de choses à faire, trop de gens à voir… Le milliardaire a beau travailler comme un damné, les journées de vingt-quatre heures ne suffisent pas à absorber le rythme et les ambitions de l'ogre Musk. Mais l'ingénieur n'aurait raté ce dîner pour rien au monde. Il déploie sa grande carcasse pour s'extraire de sa Tesla et presse le pas en rejoignant le Rosewood, un hôtel tape-à-l'œil aux airs de ranch, situé sur les hauteurs de Menlo Park, en Californie, et fréquenté par le gratin des startupers de la Silicon Valley.

Nous sommes au début du mois de juin 2015 et le soleil déclinant pare les collines alentour d'un délicat voile rose. Un spectacle somptueux auquel Musk ne prête pas la moindre attention. Pas le temps. Il n'a de toute façon jamais été du genre contemplatif. Il pénètre à grandes enjambées dans la salle privée réservée par son vieil ami Sam Altman, le patron du

Y Combinator, le plus puissant incubateur de start-up au monde[1].

Les deux hommes s'admirent et se respectent. Ils peuvent passer des heures à discuter de leur vision de l'avenir, des possibilités et des limites de l'allongement de la durée de vie de l'espèce humaine, mais aussi et surtout de l'inexorable essor de l'intelligence artificielle (IA). Autour de la table ce soir-là, justement, se trouve une poignée de chercheurs en IA parmi les plus brillants de leur génération.

Parmi eux, Ilya Sutskever, la star montante de Google. À tout juste 30 ans, cet ingénieur canadien d'origine russe a remporté le prestigieux défi ImageNet de reconnaissance d'image, grâce à un programme imitant le fonctionnement des neurones du cerveau. Non loin de lui, Greg Brockman, un jeune mais déjà expérimenté créateur d'entreprise – il n'a alors que 26 ans –, vient de quitter son poste de directeur de la technologie de Stripe, une start-up spécialisée dans les paiements en ligne. Une tablée de grands enfants riches et brillants, persuadés que leur mission sur terre n'est pas, seulement, de voir les millions s'accumuler paresseusement sur leur compte en banque. Leur rêve? Créer un laboratoire de recherche sur l'IA, totalement indépendant des grands groupes, à but non lucratif, et qui partagerait ses recherches en *open source*, c'est-à-dire en accès libre, afin que toute l'humanité en bénéficie. Derrière ce messianisme technophile propre à la Silicon Valley

1. Des géants comme Airbnb, Dropbox ou encore Coinbase y ont fait leurs premiers pas. Source : «Inside OpenAI, Elon Musk's Wild Plan to set Artificial Intelligence Free», *Wired*, 27 avril 2016.

se cache une authentique inquiétude existentielle. Si tous sont persuadés qu'une «intelligence artificielle générale» pourrait aider l'homme à faire éclater les derniers plafonds de verre qui l'entravent, en trouvant des solutions pour guérir des maladies réputées incurables, lutter contre le réchauffement climatique, ou révolutionner le secteur de l'éducation, ils ont parfaitement conscience qu'un outil d'une telle puissance s'avérerait dévastateur entre les mains d'individus malintentionnés.

C'est donc lors de cette douce soirée d'été que naît OpenAI. Elon Musk est l'un des premiers et des plus fervents donateurs, Greg Brockman prend la présidence de cette fondation, tandis que le petit génie Ilya Sutskever en devient le directeur scientifique. Durant plusieurs années, l'organisation travaille et grandit dans l'ombre, connue du seul microcosme des ingénieurs spécialisés en IA.

Mais en 2022, OpenAI fait une entrée fracassante sur le devant de la scène médiatique avec DALL-E 2, une IA capable de générer des œuvres d'art originales assez bluffantes après que l'internaute lui a donné quelques indications succinctes. Puis c'est surtout avec le désormais fameux ChatGPT-3, dévoilé la même année, que l'organisation sidère la planète en dévoilant pour la toute première fois une IA capable de répondre quasi instantanément à des questions de toutes natures, dans plusieurs langues, avec des résultats le plus souvent pertinents et bien rédigés. L'outil, qui utilise des algorithmes de traitement automatique du langage faisant appel à pas moins de 175 milliards de paramètres, a d'ailleurs réussi à passer le difficile examen du meilleur *master of business administration* (MBA) au monde, celui de l'école de commerce de Wharton, située près de Philadelphie (Pennsylvanie), avec la note B[1] ! En France, la prestigieuse école Science Po a d'ailleurs décidé d'en interdire l'utilisation à ses élèves. Bien sûr, ChatGPT-3, encore très perfectible, se contente de digérer ce qu'il a pêché sur le web. Il n'empêche, une révolution est en marche. Google, de son côté, travaille sur sa propre IA conversationnelle, prénommée Bard, tandis que les géants du numérique chinois, à l'instar de l'e-commerçant Alibaba et du moteur de recherche Baidu, ont déclaré leur intention de lancer leur outil dans les prochains mois. Quant à ChatGPT-4, il pourrait, selon les rumeurs, être quatre cents fois plus puissant que son prédécesseur…

Après avoir déjà investi 1 milliard de dollars dans OpenAI, Microsoft serait prêt à transférer 10 milliards pour que l'organisation, qui compte aujourd'hui 300 salariés, puisse étoffer ses équipes, s'offrir des supercalculateurs toujours plus puissants et entraîner son IA conversationnelle. OpenAI a finalement décidé en 2019 de créer une filiale à but lucratif, afin de se donner les moyens de ses ambitions. Si Microsoft se montre aussi généreux, c'est qu'il espère que ChatGPT permettra enfin à son moteur de recherche, Bing, de concurrencer le mastodonte Google qui s'est arrogé

1. Ce MBA a occupé dix fois la première place du classement donné par le *Financial Times* au cours des vingt-cinq dernières années.

92 % du marché et semble indéboulonnable depuis son lancement à la fin des années 1990.

Musk n'a pas publiquement commenté cet accord ; mais on peut aisément imaginer qu'il a interprété cette généreuse enveloppe de Microsoft comme une trahison pure et simple des principes premiers d'OpenAI.

Si les raisonnements du patron sont loin d'être toujours linéaires, sa position sur l'IA n'a en effet pas bougé d'un iota ces dernières années. Sa première alerte sur le sujet remonte à un tweet du 3 août 2014 : « Nous devons être très prudents avec l'IA. Potentiellement plus dangereux que les armes nucléaires. » Le même jour, il précisait sa pensée dans un second tweet : « J'espère que nous ne sommes pas seulement le chargeur de démarrage biologique pour la superintelligence numérique. Malheureusement, c'est de plus en plus probable. » Elon Musk sombrerait-il dans la paranoïa alors que les sympathiques DALL-E et ChatGPT semblent à première vue bien inoffensifs ?

Ce serait oublier que, derrière toutes les technologies développées par l'homme, les enjeux de pouvoir ne sont jamais bien loin. L'histoire d'Internet, des débuts idéalistes, où quelques geeks néo-hippies imaginaient partager gratuitement toutes les connaissances du monde, à la flambée des populismes, alimentée par les algorithmes des réseaux sociaux ou aux cyberattaques capables de paralyser des infrastructures vitales, en est un parfait exemple. Alors, pour le patron de SpaceX, Tesla et Twitter, il y a urgence à réguler cette technologie. Dans le documentaire *Do you trust this Computer?* (« Avez-vous confiance en cet ordinateur ? ») réalisé par le cinéaste américain Chris Paine en 2018, traitant des possibles bénéfices et des dangers de l'IA, Elon Musk explique : « L'avenir le moins effrayant auquel je puisse penser est celui où nous avons au moins démocratisé l'IA, parce que si une entreprise ou un petit groupe parvient à développer une super intelligence numérique divine, ils pourraient prendre le contrôle du monde. » Et d'ajouter : « Au moins, quand il y a un dictateur diabolique, cet humain va mourir, mais pour une IA, il n'y aurait pas de mort, elle vivrait éternellement, et alors vous auriez un dictateur immortel auquel nous ne pourrions jamais échapper. » Un an plus tard, à l'occasion d'une conférence organisée à Pékin, l'infatigable milliardaire enfonçait le clou : « Je n'arrête pas de tirer le signal d'alarme, mais le jour où les gens verront vraiment des robots tuer des personnes, ils ne sauront pas comment réagir, tellement ça leur paraîtra irréel. On devrait tous s'inquiéter de ces progrès. » Nous voilà prévenus !

Le milliardaire n'a de cesse de demander une régulation drastique de l'IA. En 2017, il propose ainsi au Congrès américain de déposer un texte de loi pour encadrer de manière stricte son usage[1]. Dans une interview accordée en 2019 au célèbre podcasteur et professeur au MIT Lex Fridman, il développe d'ailleurs cette idée. « L'IA devrait essayer de maximiser la fonction liberté plutôt que la fonction économique. [...] Nous devons donc créer une agence gouvernementale

1. « Elon Musk Says we need to regulate AI before it becomes a Danger to Humanity », *The Verge*, 17 juillet 2017.

comme la Food and Drug Administration [le gendarme américain de l'alimentation et des médicaments] pour réglementer l'amélioration de l'IA[1].» Ce militantisme pro-régulation est assez cocasse, soit dit en passant, venant de l'homme censé incarner le libertarisme le plus pur, un courant de pensée qui ne supporte justement pas l'intervention de l'État… Le 29 mars 2023, Elon Musk a même cosigné, avec plus d'un millier d'experts et de personnalités du monde de la tech, un courrier appelant à faire une pause de six mois dans les recherches sur l'intelligence artificielle, afin de définir un cadre et de s'interroger sur les risques engendrés par une IA capable de supplanter l'intelligence humaine.

Cela étant, le milliardaire n'est pas homme à attendre que l'administration se mette en ordre de marche pour faire bouger les lignes. Puisqu'il est acquis, selon lui, que les progrès technologiques vont inévitablement créer des IA qui nous dépasseront de très loin intellectuellement, alors il faut «augmenter» l'être humain, faire en sorte qu'il puisse tenir la comparaison et éviter que les générations prochaines ne se transforment en main-d'œuvre servile aux ordres d'une IA devenue autonome et totalitaire, à la façon de HAL 9000 dans *2001. L'odyssée de l'espace*, le chef-d'œuvre de Stanley Kubrick. Pour Musk, il s'agit, en quelque sorte, de soigner le mal par le mal. C'est ce qui l'a poussé en 2016 à fonder Neuralink, une société

1. «Elon Musk : Neuralink, AI, Autopilot, and the Pale Blue Dot», Lex Fridman Podcast #49, YouTube, 12 novembre 2019.

visant à développer des technologies de lien cerveau-machine.

La start-up s'est donné pour objectif, dans un premier temps, de soigner les patients atteints de maladies neurodégénératives, de déficiences visuelles ou auditives, et d'aider les personnes atteintes d'une lésion à la moelle épinière à retrouver de la mobilité grâce à une puce implantée dans leur cerveau. Mais sur le plus long terme, l'objectif reste de créer une véritable interface homme-machine pour s'affranchir des limites physiologiques de l'espèce humaine, une forme de symbiose, censée faire de nous des surhommes. Éthiquement discutable ? Ce n'est pas une question pour Musk. « Nous sommes déjà des cyborgs. Si vous pensez aux outils dont vous vous servez déjà, votre téléphone, votre ordinateur, tout ce que vous utilisez a été construit comme une extension de vous-même. Et c'est le but de toute innovation numérique », souligne-t-il ainsi, à l'occasion de son podcast avec Lex Fridman.

Aussi génial soit-il, le concept de cet implant cérébral n'a pas germé comme par magie dans son cerveau fécond. L'idée lui a été inspirée par sa lecture assidue d'œuvres de science-fiction. Pour preuve, lors de la présentation officielle de sa start-up en 2017, Musk parlait d'un *neural lace*, une « dentelle neurale », pour décrire les fils qu'il souhaitait implanter dans le cerveau. Le terme et le concept sont issus de l'œuvre de Iain M. Banks. L'écrivain écossais, décédé en 2013, est souvent présenté comme l'un des plus grands auteurs de science-fiction. Il a inventé le *neural lace* dans son cycle de la *Culture*, un *space opera* en neuf tomes, paru au Royaume-Uni entre

1987 et 2012. Dans cette œuvre majeure, un implant biomécanique permet d'étendre la mémoire, de communiquer ou encore de réguler le corps.

Six ans après son lancement en fanfare, où en est concrètement Neuralink? Il est difficile de connaître l'exact état d'avancement des travaux de ses chercheurs, car ces derniers ne produisent aucun texte, ce qui est d'ailleurs un véritable sacrilège dans ce petit monde où chaque scientifique se doit d'envoyer ses «publis» à ses pairs, afin que ces derniers les valident avant diffusion. «Si les équipes de Neuralink ne publient rien, elles se sont par contre très largement appuyées sur les études produites par la communauté scientifique», s'agace Éric Burguière, responsable de l'équipe de neurochirurgie des comportements répétitifs à l'Institut du cerveau et de la moelle épinière (ICM). Les autres chercheurs en neurosciences doivent donc arpenter le site internet de la start-up californienne et guetter les rares vidéos qu'elle poste pour se faire une idée des progrès réalisés par la jeune pousse.

Dans l'une d'entre elles, publiée en avril 2021, on aperçoit un singe prénommé Pager jouer au jeu vidéo *Pong* avec dextérité, grâce à une puce implantée dans son cerveau. Il faut dire qu'à chaque balle correctement renvoyée, Pager reçoit une gorgée de smoothie à la banane. «En seulement quelques années, Musk a réussi à mettre Neuralink au niveau des avancées les plus récentes, même si d'autres labos à travers le monde avancent sur des technologies pas encore reprises par Neuralink», analyse Blaise Yvert, directeur de recherche à l'Inserm.

Neuralink n'est en effet pas le seul laboratoire à travailler sur des interfaces entre le cerveau et la machine. Avec les États-Unis, la France fait d'ailleurs partie des pays précurseurs en la matière. Dans le cadre d'essais cliniques, une poignée de personnes à travers le monde ont déjà pu bénéficier de tels dispositifs. Il s'agit pour la plupart de patients tétraplégiques, qui apprennent à diriger à distance les mouvements d'un bras robotique, d'un fauteuil roulant… voire d'un exosquelette à quatre membres. Il n'empêche qu'avoir réussi à hisser la start-up installée à San Francisco au niveau de ses meilleurs concurrents en seulement quelques années constitue en soi un véritable tour de force. Certes, notre homme d'affaires n'a pas regardé à la dépense, embauchant à prix d'or les plus brillants spécialistes en neurosciences. « Musk a notamment débauché de nombreux scientifiques de l'équipe du professeur Miguel Nicolelis, le directeur du centre de neuro-ingénierie de l'université de Duke, en Caroline du Nord (États-Unis), qui travaille depuis quarante ans sur l'interface cerveau-machine, pointe Éric Burguière. Nicolelis avait d'ailleurs réalisé, il y a vingt ans, une expérience simplifiée du même type que celle du singe Pager jouant à *Pong.* »

Elon Musk affirme que son implant cérébral devrait être testé sur des cobayes humains dans les prochains mois. Si Neuralink a bien mis en ligne des annonces pour recruter un « directeur des essais cliniques » et un « coordinateur de la recherche clinique », l'Agence américaine des médicaments (FDA) a refusé de donner son aval en mars 2022. Cette dernière souhaitait notamment avoir la certitude que la puce pourrait être retirée en toute sécurité si nécessaire. En admettant que Neuralink finisse par obtenir ce feu vert, il faudrait encore compter plusieurs années de tests avant que les premiers implants arrivent sur le marché. « Améliorer la motricité ou encore soigner les déficiences visuelles et auditives, on peut espérer y arriver dans les dix à vingt prochaines années. Mais concernant la petite musique muskienne sur l'homme augmenté avec un implant qui nous permettrait d'être plus intelligents, d'avoir une mémoire infaillible ou d'apprendre une langue en quelques clics, soyons clairs : au moment où on se parle, c'est de la pure foutaise ! » tranche Éric Burguière. Selon ce dernier, Musk a clairement tendance à survendre ses projets, ce qui lui permet de lever des milliards d'euros auprès des investisseurs et d'attirer les meilleurs talents. Mais force est de constater qu'il arrive le plus souvent à ses fins. On ne se risquera donc pas à prendre les paris !

L'entrepreneur messie, quant à lui, se moque bien du jugement de la communauté scientifique. Non content de vouloir rendre l'être humain plus robuste et plus intelligent, pour ne pas dire infaillible, il veut également rendre la vie plus douce, grâce à une armée de robots qui seraient à ses petits soins. Dans la nuit du 30 septembre 2022, Musk a ainsi présenté le prototype de son robot Optimus. D'un pas précautionneux, câbles et puces électroniques apparents, Bumble C est arrivé sur la scène de la conférence Tesla AI Day, à Palo Alto, en Californie. L'androïde, élaboré par les ingénieurs de Tesla, a esquissé un salut de la main et une vidéo le montre apportant un colis à un employé et arrosant des plantes. Sur les réseaux sociaux, les admirateurs du milliardaire n'en finissaient pas de se gargariser, persuadés que leur techno-guide a révolutionné la robotique. Un brin hâtif. «J'ai vu la présentation : objectivement les prototypes de l'Optimus n'ont rien de bluffant. D'autres modèles de robots sont aujourd'hui nettement plus avancés, lâche Olivier Stasse, directeur de l'équipe spécialisée en robotique anthropomorphe, Gepetto, au LAAS-CNRS, à Toulouse. Maintenant, parvenir à ce résultat en seulement une année, c'est du beau boulot et cela montre qu'il a su s'entourer de très bons spécialistes.» De fait, comme pour Neuralink, Musk a débauché à prix d'or des ingénieurs dans les meilleurs laboratoires. Mais pour une fois, l'homme a joué la carte de l'humilité. Enfin, un peu. Il a reconnu sur Twitter que d'autres robots étaient plus sophistiqués, avant de préciser que, tout de même, «il leur manque un cerveau et ils n'ont pas l'intelligence nécessaire pour se mouvoir d'eux-mêmes».

Le pari du fantasque milliardaire : s'appuyer sur l'IA qui permet aux Tesla de proposer une conduite semi-autonome pour faire progresser à grande vitesse le «cerveau» de l'Optimus. «Plus de trois millions de Tesla circulent actuellement sur la planète, et enregistrent des quantités de données phénoménales sur toutes les situations possibles et imaginables, cela ne cesse de renforcer leur IA», souligne Michael Valentin, auteur de *La Méthode Elon*. Cela ne suffit pas à les rendre infaillibles : à la suite d'un nombre élevé d'accidents graves impliquant des Tesla, la National Highway

Traffic Safety Administration a ouvert une enquête à l'été 2021.

Les robots Optimus, comme les Tesla sur roues, pourront par ailleurs s'appuyer sur le superordinateur Dojo. Dévoilé le 20 juin 2021, ce supercalculateur composé de 5 760 cartes graphiques, avec 10 pétaoctets de stockage, se classerait, selon la direction de Tesla, au cinquième rang mondial des superordinateurs en termes de puissance brute.

Ces robots, Musk les espère donc plus intelligents que leurs homologues, mais également beaucoup moins coûteux. L'entrepreneur ambitionne une machine qui, à terme, « coûtera probablement moins de 20 000 dollars », a-t-il ainsi assuré, lors de la conférence Tesla AI Day. Encore une fois, les spécialistes se montrent plus que dubitatifs. « Un robot d'un excellent rapport qualité-prix et qui a déjà montré ce dont il était capable, c'est le Digit, développé par Agility Robotics : il est aujourd'hui vendu 250 000 dollars, détaille Olivier Stasse. Avec des effets d'échelle, on pourrait peut-être imaginer que son prix soit divisé par deux, mais guère plus. Alors 20 000 dollars pour un robot androïde, cela me semble illusoire. » Musk, lui, n'a cure des critiques et assure que les premières livraisons auront cours d'ici trois à cinq ans.

Lors de cette même conférence Tesla, il laisse également entendre qu'à terme, Optimus rapportera plus d'argent à l'entreprise que les voitures électriques ! Car l'ingénieur imagine vendre des millions, voire des dizaines de millions d'exemplaires de son produit à travers la planète. Des Optimus qui pourraient entretenir nos maisons, faire nos courses, aider les personnes âgées dans leur vie quotidienne, mais aussi effectuer à notre place les tâches les plus ingrates dans les usines, les magasins, sur les chantiers... et demain, bien sûr, construire des bases sur Mars.

«Soyons clairs, la technologie androïde de l'Optimus, c'est juste pour l'effet *whaou* : cela permet à Musk d'attirer les investisseurs et les talents, décrypte Cyril Kabbara, le fondateur et P.-D.G. de Shark Robotics, un des leaders mondiaux de la robotique terrestre en environnement hostile. Mais la réalité, c'est qu'aujourd'hui, le marché numéro un du robot, c'est celui de la logistique, avec des modèles très basiques. Le plus souvent un cube avec deux bras et quatre roues.» Pour l'entrepreneur français, la technologie androïde a d'autant moins d'intérêt qu'elle est excessivement complexe. «Le corps humain repose sur une multitude d'axes : les poignets, les coudes, les chevilles, les genoux... Il faut donc reproduire tout cela avec des axes mécaniques et des systèmes motorisés, ce qui est extrêmement coûteux et source de multiples pannes.» Mais Musk ne veut rien entendre. Pour lui, l'Optimus – «le meilleur», en latin – «signifie un avenir d'abondance, un avenir où il n'y a pas de pauvreté, où les gens auront ce qu'ils veulent en termes de produits et de services», s'enflamme ainsi le patron gourou, lors de la présentation du prototype. Le milliardaire ne s'en est jamais caché : il est un scientiste pur jus. À ses yeux, la connaissance peut tout résoudre et elle seule sauvera l'humanité. Lui, en quelque sorte, n'est que le prophète par qui l'avènement des sciences toutes-puissantes verra le jour.

8

Elon Musk, le faux libertarien

Coupe au carré d'élégante, regard noir fiévreux et porte-cigarette en ivoire aux lèvres, sur ce cliché non daté, Ayn Rand semble tout droit sortie d'une œuvre de son contemporain, le photographe surréaliste Man Ray. Si la romancière et philosophe américaine n'est connue de ce côté-ci de l'Atlantique que d'une poignée d'*happy few* qui se piquent de la citer dans les dîners mondains, elle demeure, quarante ans après sa mort, une figure intellectuelle incontournable aux États-Unis. Selon une enquête menée par la vénérable Bibliothèque du Congrès, son best-seller *La Grève*, un roman-fleuve de 1 200 pages paru en 1957, serait le deuxième ouvrage ayant le plus influencé les Américains derrière… la Bible ! Si proche et si loin. Ayn Rand exècre en effet toutes les religions, qu'elle considère comme l'un des « grands poisons de l'humanité ». Dans l'évangile « randien », l'égoïsme est érigé au rang de vertu suprême, et la philosophe va jusqu'à considérer l'altruisme comme « une notion monstrueuse, la moralité des cannibales se dévorant les uns les autres ».

Ayn Rand, de son vrai nom Alissa Zinovievna Rosenbaum, est née en Russie, dans une famille de la bourgeoisie juive en 1905, et a été profondément marquée par la révolution bolchevique de février 1917. Elle a vu ses parents humiliés, tétanisés devant les gardes rouges venus nationaliser l'appartement et la pharmacie familiaux. L'époque n'est pas encore à la résilience, mais celle qui a enthousiasmé les campus étudiants dans les années 1960 parvient à faire de ce traumatisme et de cette haine contre toute forme de collectivisme son principal ressort romanesque. Tous les héros de ses romans – vendus à trente millions d'exemplaires à travers le monde – symbolisent ainsi le génie du capitalisme que rien ne doit entraver, surtout pas l'intérêt général.

L'œuvre d'Ayn Rand a ainsi largement contribué à façonner la philosophie politique du libertarisme, qui prône une intervention minimale de l'État dans la vie des citoyens et la disparition de tout système de solidarité collective, au profit de la seule et unique méritocratie. Ces idées chéries par la droite américaine la plus dure, à commencer par son chef de file, l'ancien président Donald Trump, ont également largement infusé les rangs des entrepreneurs de la Silicon Valley. De l'emblématique patron d'Apple, Steve Jobs, à Peter Thiel, cofondateur de PayPal et de Palantir, en passant par Jimmy Wales, créateur de Wikipédia, nombre des patrons les plus emblématiques de la tech américaine ont déjà publiquement déclaré vénérer Ayn Rand et s'être directement inspirés de ses idées pour édifier leur empire.

Si Elon Musk n'a, pour sa part, jamais évoqué l'impact de l'œuvre de la philosophe sur son cheminement intellectuel – il l'a néanmoins lue dans son adolescence –, il apparaît aujourd'hui aux yeux du monde comme l'incarnation pure du libertarisme. Ses multiples coups de menton et coups d'éclat contre les pouvoirs publics en ont fait une figure des antisystèmes, et il aurait toute sa place parmi les héros des romans de la philosophe. Après avoir violemment dénoncé sur Twitter la décision «fasciste» des autorités américaines avec le confinement, alors même que les États-Unis étaient devenus l'épicentre mondial de la pandémie de Covid-19, le milliardaire n'avait pas hésité à rouvrir à la mi-mai 2020 son usine Tesla de Fremont, bravant l'interdiction du comté d'Alameda, en Californie.

Après le rachat de Twitter en particulier, à l'automne 2022, Elon Musk a été érigé par les médias comme le porte-drapeau du libertarisme. À ce moment-là, il a en effet joué à fond la carte du *freedom of speech* (la liberté d'expression, un des grands piliers de ce courant de pensée) pour expliquer les raisons qui l'ont poussé à débourser 44 milliards de dollars dans l'acquisition du réseau social. Peu après avoir officiellement déclaré sa flamme à l'oiseau bleu, le milliardaire a d'ailleurs fait preuve d'une emphase qu'on lui connaît peu: «La liberté d'expression est le fondement d'une démocratie qui fonctionne et Twitter est la place publique numérique où sont débattues les questions vitales pour l'avenir de l'humanité.»

De fait, peu après avoir pris les commandes de la plateforme, il intime l'ordre à ses équipes de rétablir plusieurs dizaines de milliers de comptes précédemment suspendus pour avoir enfreint les règles du réseau social. Le plus souvent, il s'agit de ceux de complotistes, d'extrémistes de tout poil ou encore d'antivax aux propos inquiétants, voire dangereux. Dans le lot de ces profils Twitter revenus du purgatoire, le plus notoire est celui de Donald Trump, qui avait été fermé après la tentative de coup d'État fomentée par ses partisans les plus extrêmes, chauffés à blanc par les tweets enragés de l'ancien pensionnaire de la Maison-Blanche, alors incapable d'accepter sa défaite face à Joe Biden. Il résulte de cette réouverture une explosion de propos haineux, racistes et homophobes, selon une étude menée en décembre 2022 par le Center for Countering Digital Hate et l'Anti-Defamation League, deux organismes indépendants qui veillent à la sûreté des contenus sur les réseaux sociaux[1], relayée par le *New York Times*. Cela suffit à faire fuir nombre de très grandes marques (General Motors, General Mills, Volkswagen…), qui préfèrent différer tout nouvel investissement publicitaire sur la plateforme, ce qui placee cette dernière en grande difficulté.

Pour Musk, la liberté, la vraie, est à ce prix : tout le monde doit pouvoir s'exprimer dans cette agora numérique qu'est Twitter, afin que l'internaute citoyen puisse se forger sa propre opinion. Qu'on soit ou non d'accord avec le raisonnement du milliardaire, l'argument peut s'entendre. Le hic, c'est que, pour Musk, la liberté des

1. « Hate Speech's Rise on Twitter is unprecedented, Researchers find », *New York Times*, 2 décembre 2022.

autres s'arrête manifestement au seuil de sa maisonnée. Dans la soirée du 15 décembre 2022, le patron de Tesla et de SpaceX a ainsi décidé de suspendre au moins huit comptes de journalistes, dont ceux des très réputés Drew Harwell – *The Washington Post* –, Ryan Mac – *The New York Times* –, ou encore de Donie O'Sullivan – CNN. Leur tort, à ses yeux, a été d'avoir relayé des informations issues du compte Twitter @elonjet. Ce dernier, suivi par près d'un demi-million d'abonnés et créé par un étudiant américain de 20 ans, suivait en temps réel le déplacement du jet privé de Musk en croisant des données publiques, façon pour le jeune homme de pointer le bilan carbone catastrophique de celui qui se positionne en héraut du verdissement de la planète. Cette surveillance au cordeau aurait, selon le milliardaire, mis sa famille en danger.

La veille de la suspension des comptes des journalistes sur le réseau social, @elonjet avait d'ailleurs été supprimé. C'est manifestement le compte rendu de cette censure qui leur a valu la colère muskienne. Face au tollé international suscité par l'événement, le propriétaire de Twitter a rapidement dû faire machine arrière. Mais déjà, certains commentateurs ont commencé à revoir leur analyse, se demandant si derrière la statue du libertarien, autoproclamé grand défenseur de l'indépendance de l'information, ne se cacherait pas un autocrate pur jus.

En réalité, il suffit de retracer la trajectoire du natif de Pretoria pour conclure que la geste muskienne est assez peu en phase avec la bible libertarienne. À titre d'exemple, le soutien appuyé de l'homme d'affaires à l'accord de Paris[1] puis à toutes les conférences internationales sur le climat qui ont suivi semble peu compatible avec une pensée libertarienne qui, par nature, ne supporte pas l'intervention des États, persuadée que c'est à l'individu de décider de son propre sort… aussi funeste soit-il. Plus anecdotique, mais toujours en totale contradiction avec ce que l'on pourrait attendre d'un libertarien absolu, l'entrepreneur fantasque s'est exprimé en faveur de la réforme du système de retraites… français. Encore une fois, dans la pensée libertarienne, tout système de solidarité collective est une forme d'aliénation de l'individu, puisqu'il entre en compétition avec la méritocratie, la sainte boussole de ses défenseurs. Ainsi, dans un tweet daté du 20 janvier 2023 (lendemain des manifestations qui ont vu un million de personnes défiler dans les petites et grandes villes de l'Hexagone), Musk écrit : « Macron fait une chose difficile, mais juste. L'âge de la retraite à 62 ans a été fixé alors que la durée de vie moyenne était beaucoup plus courte. Il est impossible pour un petit nombre de travailleurs de faire vivre un nombre massif de retraités. »

Rien n'est moins sûr que le locataire de l'Élysée, déjà régulièrement accusé d'être le président des riches, ait été ravi de voir tomber ce post de félicitations de la part d'un des hommes les plus fortunés de l'histoire… Les figures de l'opposition se sont d'ailleurs emparées de ce tweet avec gourmandise. Le leader de La France insoumise (LFI), Jean-Luc Mélenchon, a ainsi très vite

1. Traité international signé en 2015, grâce auquel les principaux pays de la planète se sont engagés à diminuer leurs émissions de CO_2 pour enrayer le réchauffement climatique.

répondu : « Choisissez votre camp. Le capital ou le travail », et l'eurodéputée LFI Manon Aubry a de son côté déclaré : « Si vous doutiez encore que la retraite à 64 ans était une réforme de classe... » Le député LFI Antoine Léaument a enfoncé le clou d'un message lapidaire : « Une réforme soutenue par un milliardaire est TOUJOURS une réforme mauvaise et inutile. »

En définitive, Musk est-il libertarien ? Un peu, beaucoup, passionnément... ou pas du tout ? « Je ne vous conseille pas d'aller dire à des libertariens pur jus que Musk est un des leurs, ça les fait tout simplement hurler », répond Arnaud Saint-Martin, sociologue au CNRS et spécialiste du domaine spatial. De fait, non content de soutenir une conférence transnationale ou de se féliciter de la réforme d'un système de solidarité collective, le big boss doit une grande partie de sa réussite aux largesses de l'oncle Sam. L'ancien président américain Donald Trump, avec qui Musk s'est brouillé après avoir été durant quelques mois l'un de ses nombreux conseillers économiques, le lui a vertement rappelé *via* son propre réseau Truth Social, à l'été 2022. Sous une photo prise alors qu'il était encore à la Maison-Blanche, aux côtés du milliardaire un brin engoncé dans son costume-cravate, on lit une légende rédigée au lance-flammes : « Quand Elon Musk venait me voir à la Maison-Blanche pour me demander de l'aide pour ses nombreux projets subventionnés, que cela concerne ses voitures électriques qui ne vont pas assez loin, ses véhicules autonomes qui ont des accidents, ou encore ses fusées vers nulle part. Des subventions sans lesquelles il ne vaudrait rien, et alors qu'il me disait qu'il était un grand fan de Trump et républicain, j'aurais pu lui répondre : "Mets-toi à genoux et supplie", il l'aurait fait. Dès le berceau, Tesla et SpaceX ont ainsi été littéralement biberonnés à l'argent public. » Nul n'est tenu de croire sur parole un homme qui, depuis des années, dit tout et son contraire. Mais sur ce sujet, Trump a raison.

Elon Musk est en effet le fils légitime de la puissance publique. En 2010, alors qu'il n'a même pas encore sorti le moindre essieu de la Model S – la berline qui le rendra crédible aux yeux de la planète automobile –, il décroche auprès du département de l'Énergie américain un prêt de 465 millions de dollars, de quoi lui éviter une faillite annoncée et lui permettre de construire sa gigantesque usine de Fremont, d'où sortent aujourd'hui plus de 8 500 voitures chaque semaine. Certes, comme aiment à le répéter ses communicants, ce crédit a été remboursé rubis sur l'ongle dès 2013, avec neuf ans d'avance. Mais, sans ce généreux coup de pouce, Tesla n'aurait peut-être jamais dépassé le cercle des ultra-geeks fortunés de la Silicon Valley.

Par-dessus tout, c'est dans le secteur spatial que Musk doit une reconnaissance éternelle à l'oncle Sam. Dès le début des années 2000, la Nasa chouchoute ainsi la start-up. « La première version du moteur Merlin qui équipe le Falcon 1 a été largement inspirée du moteur Fastrac développé par la Nasa et que cette dernière a mis à sa disposition », rappelle Maxime Puteaux, spécialiste de l'industrie spatiale pour le cabinet Euroconsult. Quelques années plus tard, l'US Space Force, de son côté, « lui permet d'utiliser pendant trente ans le pas de tir 39A du centre spatial Kennedy pour… 1 dollar symbolique, à charge pour SpaceX de l'entretenir », raconte le spationaute français Jean-Jacques Favier. Outre l'accès aux technologies et à l'infrastructure, le gouvernement américain abonde en financements les fusées de Musk durant des années. « Entre les aides directes et les commandes pour des lancements de satellites institutionnels, SpaceX a encaissé des milliards de dollars d'argent public américain depuis le début de son aventure », souligne le président du Cnes, Philippe Baptiste.

Selon les documents auxquels nous avons eu accès, après un premier chèque de 50 millions de dollars signé en 2003 par le département de la Défense pour subventionner le Falcon 1, l'oncle Sam n'a cessé de remettre la main au portefeuille et a injecté au total pas moins de 20 milliards dans l'entreprise spatiale ! Des aides massives ont permis à l'entreprise de casser les prix hautement concurrentiels sur les lancements commerciaux. « L'État américain accepte de surpayer ses lancements institutionnels – on parle de 100 à 120 millions de dollars par mission – pour amortir les frais fixes de l'entreprise et lui permettre ensuite de casser les prix sur les tirs commerciaux, avec des lancements à 50 millions de dollars, quand nous pouvons difficilement descendre en dessous de 70, si nous ne voulons pas perdre d'argent », dénonce un ponte d'ArianeSpace.

Si les gouvernements successifs se montrent si généreux avec le milliardaire, c'est qu'ils savent que ses entreprises sont éminemment stratégiques pour l'hégémonie du pays. Par exemple, non seulement les fusées de SpaceX ont permis aux États-Unis de s'extraire de leur humiliante dépendance aux lanceurs russes pour les vols habités, mais elles pourraient aussi se transformer en arme de guerre redoutable. «L'US Air Force espère pouvoir se servir du Starship[1] pour faire du *point to point* à grande vitesse – cela permettrait, à titre d'exemple, d'acheminer 100 tonnes de matériel et des hommes en Afghanistan en seulement une heure», explique Darot Dy, spécialiste de l'aérospatial et de la défense chez Roland Berger. Cela concerne l'Afghanistan, mais aussi la Russie, ou encore la Chine… si jamais, par malheur, les tensions internationales devaient s'aggraver. La technologie est aussi fascinante qu'angoissante. Pragmatique, le département de la Défense américain a mis sur pied le Rocket Cargo Program, qu'il a abondé à hauteur de plusieurs dizaines de millions de dollars, et auquel a répondu, outre SpaceX, Blue Origin, l'entreprise spatiale de Jeff Bezos. «Si le *point to point* fait rêver les militaires, le chemin est encore long avant que SpaceX ou un autre soit capable de faire des lancements à la demande, au jour J et à l'heure H, comme avec un avion», nuance Maxime Puteaux.

Il reste difficile de savoir qui, aujourd'hui, a le plus besoin de l'autre, tant les intérêts du pays sont intimement mêlés à ceux de SpaceX. C'est d'ailleurs l'un des plus grands tours de force d'Elon Musk : s'être rendu indispensable à l'oncle Sam. Cette forme de toute-puissance peut laisser à penser que personne à Washington n'ose se mettre en travers de sa route.

1. La prochaine fusée géante de SpaceX pourrait être opérationnelle en 2024.

Aveuglé par son *ego*, l'homme s'est autorisé de violentes saillies contre le gouvernement, n'hésitant pas à mordre la main qui le nourrit depuis tant d'années. Au printemps 2021, il tweete ainsi : « Le vrai président est celui qui contrôle le téléprompteur », sous-entendant que Joe Biden est en réalité quasi sénile et cornaqué par ses proches collaborateurs. Pas de réponse officielle…, mais, quelques mois plus tard, le président n'a pas convié Musk à la présentation de son ambitieux plan en faveur du développement du véhicule électrique, contrairement aux patrons de General Motors, de Ford et de Stellantis, alors même que son entreprise génère près de 70 % des ventes de véhicules électriques dans le pays.

Contrairement à ses concurrents, Tesla ne compte aucun représentant d'United Auto Workers (UAW), le puissant syndicat automobile, dans ses usines. Or, cet organisme qui a soutenu Joe Biden lors de la campagne présidentielle a déjà eu plusieurs fois maille à partir avec Musk. L'UAW a d'ailleurs fait condamner Tesla par le passé, pour avoir fait pression sur des salariés souhaitant se syndiquer. À la même époque, le milliardaire a également vu plus de 800 millions de subventions publiques lui échapper, bien que la manne ait semblé lui tendre les bras. En mai 2020, Starlink avait en effet présenté sa candidature pour prendre sa part dans un projet des plus attrayants : une enveloppe de 9 milliards de dollars d'aides publiques octroyée par l'État fédéral à 180 entreprises pour déployer l'Internet haut débit dans les zones rurales. Aux États-Unis, la couverture web ressemble en effet à un gigantesque morceau de gruyère où nombre de bourgades bénéficient d'un débit lent et aléatoire, quand elles ne sont pas tout simplement situées au milieu d'une zone blanche, sans la moindre trace de réseau. Avec Starlink, Musk jouait sur du velours, et la Federal Communications Commission (FCC), le gendarme américain des télécoms, avait d'ailleurs rapidement décidé d'attribuer un prêt de 882 millions de dollars sur dix ans à la constellation de minisatellites.

Mais, à l'été 2022, coup de tonnerre : la FCC décidait de récupérer l'intégralité de sa subvention. La raison officielle ? Des vitesses de débit bien inférieures à la promesse de Starlink, ainsi que l'obligation pour le client d'acheter une parabole au prix de 600 dollars. L'argument s'entend, mais on ne peut s'empêcher de penser qu'Elon Musk paie son insolence et son soutien de plus en plus affiché au camp républicain. Le fils de l'oncle Sam pourrait-il finir par se voir déshériter ?

9

Le manager et le tyran

«Qu'est-ce que tu as fait de vraiment exceptionnel dans ta vie?» Vous avez beau avoir occupé certains des postes les plus ronflants de l'industrie automobile pendant plus de vingt ans, difficile de ne pas être désarçonné quand Elon Musk inaugure votre entretien d'embauche par cette question quasi existentielle. «Votre carrière, aussi brillante soit-elle, il s'en cogne. Ce qu'il veut savoir, c'est si vous avez déjà accompli quelque chose qui sur le papier semblait impossible ou presque», raconte cet ancien de Renault, qui, après quelques sueurs froides, a manifestement su trouver les mots justes. Pendant près de deux années, il a été l'un des bras droits de Musk chez Tesla. L'ingénieur était pourtant persuadé d'avoir tout raté, la conversation téléphonique s'étant terminée de manière abrupte au bout de dix petites minutes. «Le recruteur m'avait rassuré en me disant : "Crois-moi, c'est très bien engagé, avec Elon. Dans la grande majorité des cas, le premier entretien ne dépasse pas les 90 secondes."»

L'homme le plus riche de la planète n'a ni le temps ni le goût pour les bonnes manières. Et encore moins pour ceux qu'il juge médiocres ou même moyens, ce qui dans son esprit revient peu ou prou à la même chose… Pour électrifier la planète automobile, conquérir Mars ou encore « augmenter » l'homme, et ainsi lui éviter de devenir l'esclave d'une intelligence artificielle toute-puissante, l'ingénieur veut s'entourer de personnalités hors norme, suffisamment robustes pour pouvoir frotter et limer son « effrayante intelligence » – selon les mots de plusieurs de ses anciens collaborateurs – ou tout au moins exécuter vite et bien l'évangile muskien. Il ne cesse de le marteler à ses équipes chargées du recrutement : « Je veux des profils extraordinaires. » Au sens premier du terme, il désigne ainsi ceux qui sortent de l'ordinaire grâce à ce qu'ils ont déjà réussi à accomplir, par leur ambition, leur puissance de travail, leur résistance au stress… Les diplômes ? « Si vous êtes doctorant en physique ou en chimie, certes, vous êtes *a priori* compétent dans votre domaine. Mais les diplômés de très grandes écoles, comme Harvard, Princeton, Yale… qui, depuis qu'ils sont tout jeunes, suivent la voie royale pour se partager les postes les plus convoités ne l'intéressent pas. Il a même plutôt tendance à s'en méfier, car ils sont trop formatés, alors que lui veut justement dynamiter l'existant », raconte un ancien ingénieur qui a travaillé sur l'Autopilot, le système de conduite autonome de Tesla.

Par conséquent, tout a été mis en place dans ses sociétés pour que la pêche aux gros potentiels soit la plus fructueuse possible. « À un moment donné, nous avions carrément constitué une équipe de cinq ou six spécialistes du recrutement, qui avaient pour mission de nous dénicher les meilleurs dans chaque domaine, raconte un ancien top-manager de Tesla. On se disait : “Tiens, qui a développé le super robot de production? On va aller le débaucher! ” J’allais voir ces recruteurs et je leur disais : “Voilà, je veux un ingénieur informaticien, mais je veux qu’il connaisse ceci ou cela, qu’il ait publié dans telle revue…”, tout en précisant : “Et je ne veux pas un mec de Ferrari ou de Volkswagen.”»

Chez SpaceX, comme le raconte le biographe officiel de Musk, Ashlee Vance, la responsable des recrutements pendant cinq ans, Dolly Singh, s’amusait à éplucher les revues scientifiques à la recherche d’ingénieurs aux caractéristiques très précises. Une fois qu’elle les avait identifiés, elle leur remettait une enveloppe contenant une invitation pour une première rencontre à une heure donnée, dans un bar ou un restaurant. Si tous n’ont pas accepté de rejoindre l’aventure, nombre d’entre eux ont franchi le pas, quittant souvent des postes enviables pour se jeter dans l’inconnu. Comment expliquer une telle prise de risque? «Si Musk est loin d’être une foudre d’éloquence, il arrive à vous partager ses rêves : révolutionner l’industrie, voire sauver l’espèce humaine. C’est quand même un peu plus excitant que de travailler sur le nouvel iPhone ou sur la dernière application de livraison!» s’esclaffe un ancien de Tesla.

Dans le but d’attirer les meilleurs, Elon Musk a également tout fait pour renforcer le *sex-appeal* de l’industrie, notamment dans le domaine spatial. Ainsi, en 2018, lors des préparatifs du vol inaugural de la fusée Falcon Heavy, il a demandé à ses équipes d'embarquer et de mettre en orbite non pas un satellite, mais une Tesla roadster rouge, avec, sur le siège du conducteur, Starman, un mannequin en combinaison spatiale. Les images du bolide et de son pilote dérivant dans l'espace – il se rapprocherait aujourd'hui de Mars – ont été visionnées par plus de 18 millions de personnes ! Un coup de communication remarquable. « Elon s'est donné la mission de rendre l'espace "cool", car il a compris que l'enthousiasme du grand public pour l'espace permettrait d'attirer les meilleurs ingénieurs qui aujourd'hui se tournent soit vers les Gafam, soit vers Wall Street », explique Sibylle Delaporte, une ingénieure française ayant travaillé chez SpaceX entre 2016 et 2017. Et cela fonctionne. « Dans la communauté des ingénieurs, Musk fait clairement rêver », confirme Sylvain Bataillard, cofondateur de la start-up française HyPrSpace, qui développe un microlanceur réutilisable. Aujourd'hui, on entre un peu dans l'empire Musk comme on entre en religion : pour participer à quelque chose de bien plus grand que soi.

Cependant, il ne suffit pas d'être exceptionnellement bon dans son domaine. Encore faut-il avoir l'endurance pour suivre le rythme frénétique du grand patron. Elon est en mission, il n'a pas de temps à perdre. Qu'est-ce qu'une semaine classique dans la vie du patron Shiva ? Quatre-vingt-dix heures de boulot à haute intensité, qu'il partage entre Tesla, SpaceX, et, depuis quelques mois, Twitter, passant parfois dans la même journée de l'un à l'autre. «Ce n'est pas comme si j'essayais arbitrairement de faire de la microgestion. [...] Je suis en fait impliqué dans le triage : quelle est la chose la plus utile que je puisse faire? Et je suis très bon en technologie et en ingénierie. Chacun a ses talents, c'est l'un des miens. Je ne sais pas chanter ou danser, mais je sais faire ça[1] », a-t-il déclaré au *Financial Times*, fin 2021. Son âpreté au travail peut en partie être attribuée à l'éducation d'un père très rigoriste, mais s'explique plus largement par son héritage familial du côté de sa mère, celui des Haldeman : cette idée que tout est possible, mais que pour se faire une place en ce bas monde, il faut en vouloir plus que tous les autres, est gravée quelque part dans son ADN. S'arracher, se faire mal, tenir sa trajectoire. Au moment de la création de sa toute première start-up, Zip2, le jeune Elon n'a pas encore 25 ans et s'inflige déjà des horaires démentiels. Ashlee Vance raconte comment il finit par s'écrouler sur un pouf à côté de son bureau sur les coups de 3 heures du matin, et exige que les premiers employés qui arrivent à 7 heures ou 8 heures le secouent pour qu'il se remette prestement au travail.

Quand nombre de ses *alter ego* startupers californiens de l'époque peaufinent aujourd'hui leur swing entre deux galas de charité, le natif de Pretoria n'a, pour sa part, guère ralenti le tempo. Malgré le poids des ans – il fêtera ses 52 ans à l'été 2023 – et une fortune approchant les 200 milliards de dollars, Musk refuse de

1. «Elon Musk: Interview with FT's Person of the Year», *Financial Times*, 15 décembre 2021.

devenir une « couille molle », pour reprendre l'une de ses expressions favorites. « Elon est une brute de travail. Son bureau était à côté du mien, et je l'ai croisé plus d'une fois à 3 heures du matin », se rappelle Philippe Chain, vice-président de Tesla chargé de la qualité entre septembre 2011 et décembre 2012. Avec Musk, la notion de jour et de nuit est en effet toute relative. « Il ne s'arrête jamais ! Pendant un an, j'ai dormi avec mon téléphone portable : il peut vous appeler au beau milieu de la nuit et vous dire : “J'ai lu ça dans la presse, c'est absolument faux, il faut que tu répares ça !” » nous raconte Simon Sproule, vice-président chargé de la communication de Tesla en 2014.

Les week-ends ? Une simple extension de la semaine. La seule petite différence est qu'il s'autorise à venir travailler un peu plus tard, souvent accompagné de ses enfants… histoire de passer un peu de temps avec eux. « À l'époque, nous étions en 2011-2012, il était en couple avec l'actrice britannique Talulah Riley. Tous les dimanches, il venait à l'usine avec elle et ses cinq enfants, qui couraient dans l'usine en touchant à tout, raconte un autre ancien de Tesla. Il n'y a pas de frontière entre sa vie professionnelle et sa vie personnelle : ses assistants gèrent aussi bien ses réunions, ses déplacements à l'étranger que l'anniversaire de ses enfants ou l'organisation des très rares jours de vacances qu'il s'octroie », complète un autre ancien proche du big boss.

Musk s'attend à retrouver ce dévouement absolu au travail chez ses collaborateurs. Pour s'en assurer, il n'hésite pas à leur mettre une pression maximale. « Les diamants sont créés sous pression, et Elon Musk est un maître diamantaire[1] », résumait d'une jolie formule Dolly Singh au site Insider. Une année dans la galaxie muskienne en vaut deux. Peut-être trois. « Je travaillais soixante à soixante-dix heures par semaine et, quand on était sur un projet important, il n'était pas rare de travailler deux semaines d'affilée sans aucun jour de repos », se rappelle Sibylle Delaporte.

Car les désirs du big boss sont toujours des ordres, même quand ils semblent délirants. Philippe Chain peut en témoigner. « Un jour, Elon vient me voir et me dit : "Nous allons livrer les premiers exemplaires de la Model S le 21 juin 2012, avec une cérémonie dans l'usine où les dix premiers clients se verront remettre leurs clés, en présence de journalistes." » Nous sommes à moins de quatre mois de la date fatidique. « Le "petit" souci, c'est qu'à ce moment-là, nous n'avions toujours pas réussi à sortir ne serait-ce qu'une seule voiture zéro défaut ! », se rappelle l'ancien salarié de Tesla. Décaler la date de lancement ? Impossible. Les cartons d'invitation ont déjà été envoyés. C'est d'autant plus impossible que l'entreprise est à ce moment-là en pleine traversée de ce que les startupers appellent la « vallée de la mort », une période particulièrement périlleuse où les premiers fonds levés commencent à s'épuiser et où l'entreprise ne rentre toujours aucun cash. « On brûlait 10 millions de dollars par jour : le seul moyen d'éviter la faillite qui nous tendait les bras, c'était de parvenir à livrer 5 000 voitures avant la fin de l'année. Et pour

1. « Former SpaceX Employee explains what it's like to work for Elon Musk », *Insider*, 24 juin 2014.

cela, il fallait commencer à livrer en juin», poursuit l'ingénieur français. Les bolides arrivent finalement en temps et en heure, avec quelques petits défauts pour certains, au prix d'un travail herculéen des équipes dans les dernières semaines.

Forcément, les histoires de télétravail, censé permettre aux salariés de s'épanouir en trouvant une meilleure harmonie entre leur vie professionnelle et leur vie personnelle, ont le don de mettre Elon de très mauvaise humeur. Comme le personnage n'est pas du genre à placer son courroux sous le boisseau bien longtemps, à la fin du mois de mai 2022, il envoie un e-mail à tous les salariés de Tesla. L'objet est des plus clairs : «*Remote work is no longer acceptable*» («Le télétravail n'est plus acceptable»). Et le contenu de la missive ne laisse guère de place au doute : «Toute personne qui souhaite travailler à distance doit être dans le bureau pour un minimum (et je veux bien dire un “minimum”) de 40 heures par semaine ou quitter Tesla. C'est moins que ce que nous demandons aux ouvriers des usines.» Le milliardaire croit néanmoins bon de préciser sa pensée par un autre message, posté dans la foulée, titré «*To be superclear*» («Pour être très clair»). Il y indique : «Si vous ne vous présentez pas, nous considérerons que vous avez démissionné. […] Plus vous êtes senior, plus votre présence doit être visible. C'est pour ça que j'ai tant vécu dans l'usine – pour que ceux qui travaillent sur la ligne puissent me voir travailler à leurs côtés. Si je n'avais pas fait cela, Tesla aurait fait faillite depuis longtemps.» Pour le patron de Tesla, de Twitter et de SpaceX, on n'infléchit pas le destin de l'humanité entre un rendez-vous pour l'inscription du petit dernier au karaté et un cours de méditation. « Il existe bien sûr des entreprises qui n'exigent pas cela. Mais à quand remonte la dernière fois où elles ont sorti un nouveau produit génial ? Ça fait un moment », conclut-il.

Pour écrire une nouvelle et glorieuse page de l'histoire de l'espèce humaine aux côtés de l'homme le plus riche de la planète, il faut donc être brillant, endurant, mais également avoir les nerfs sacrément solides. Les colères et humiliations muskiennes font partie de la légende du personnage. Chez les salariés, un terme circule même sous le manteau pour qualifier ces moments où le grand patron vous tombe dessus en piqué : « C'est le *shit roll* ("rouleau de merde"). Arrivé à un certain niveau, il est compliqué d'y échapper, assure un ancien top-manager de Tesla spécialiste en logiciels. Sur la dizaine de fois où j'ai rencontré Musk, il a dû y avoir deux moments agréables. Toutes les autres fois, j'ai cru que j'allais me faire virer. »

La matière Musk est en effet hautement inflammable. « La chose qui peut le mettre très, très en colère, c'est l'impression que vous ne vous donnez pas à fond. Alors là… » souligne Simon Sproule. Mais la tempête Elon peut s'abattre aussi, voire surtout, si vous n'avez pas atteint l'objectif assigné, ou si vous répondez mal ou à côté, lorsqu'il vous pose une question. « Je me rappelle notamment une réunion avec les quarante plus hauts managers de Tesla, durant laquelle un responsable du pack batterie n'avait pas réussi à lui donner une réponse satisfaisante. Il s'était fait démolir par Musk, c'était vraiment moche à voir : "De toute façon, tu n'es qu'une merde, j'en ai marre de voir ta gueule. Tu dégages de mon entreprise MAINTENANT !" L'autre était sorti en pleurant. Tout le monde regardait ses chaussures », se souvient un participant. Dans un tel cas, la sentence est définitive et applicable immédiatement. « À ses côtés, il a toujours un ou deux assistants qui notent tout, et qui sont prêts à appeler la sécurité si jamais la personne licenciée n'obtempère pas », raconte un autre ancien. Dans les faits, nul n'a jamais essayé de se frotter au gaillard de 1,88 mètre. Tenter de ramener le big boss à la raison ou passer outre ses condamnations ? Dangereux. « Il se souvient de tout, ne pas appliquer ses ordres, c'est se mettre soi-même en danger. Une seule fois, j'ai réussi à sauver du licenciement un de mes ingénieurs – un des meilleurs dans son domaine. Elon m'a dit : "OK, mais si les choses merdent, je t'en tiendrai personnellement responsable..." » raconte un ancien patron de l'ingénierie Tesla. Le plus souvent, les colères du chef-gourou retombent aussi vite qu'elles sont montées, et il reprend le fil de la réunion comme si de rien n'était. La petite assemblée qui l'entoure fait de même, trop heureuse d'avoir échappé au *shit roll.* Mais parfois, l'éruption se déclenche en deux temps.

Petit retour en arrière. Nous sommes au mois de février 2012. Au siège de l'entreprise, à Palo Alto, l'effervescence gagne l'équipe chargée de la communication. Le 8 mars doit en effet s'ouvrir le salon automobile international de Genève, une grand-messe incontournable pour la planète de la voiture. Le moment est d'autant plus critique pour la marque de bolides électriques qu'elle y dévoilera pour la toute première fois sur le Vieux Continent sa petite dernière, la Model S. Mais le directeur de la communication, Ricardo Reyes, est solide et expérimenté. Avec son équipe, il travaille d'arrache-pied soirs et week-ends et parvient à tout organiser dans les temps : installation du stand, cocktails pour la présentation du nouveau modèle, conférence de presse, rencontre en *one to one* avec les journalistes qui font la pluie et le beau temps dans le secteur... Harassé, mais heureux d'avoir pu tout terminer en temps et en heure, Ricardo Reyes va voir Elon Musk, pour lui annoncer que tout est en ordre, mais qu'il ne pourra pas lui-même faire le déplacement, sa femme devant accoucher d'un jour à l'autre. Face à lui, mâchoire serrée, le patron répond : « Tu fais une grosse erreur », avant de tourner les talons sèchement. Les jours passent, le salon se déroule sans accroc, le grand public et la presse sont sous le charme du nouveau modèle. En interne, on pense que l'épisode est oublié. Las, à peine revenu en Californie, Musk intime l'ordre au responsable des ressources humaines de licencier Reyes sur-le-champ. Le jour même, ce dernier reçoit un e-mail lapidaire commençant par : « *Yesterday was your last day* » (« Hier était votre dernier jour »), suivi de deux lignes indiquant les créneaux auxquels il pourra venir vider son bureau. Ainsi va la vie sur la planète Musk...

« Dans sa tête, les gens sont des machines-outils : si vous ne faites plus l'affaire, on doit pouvoir trouver mieux », résume un ancien proche collaborateur. Face à la tyrannie de celui que certains salariés comparent au Roi-Soleil, la plupart se serrent les coudes et essaient de désamorcer tout ce qui pourrait faire exploser la bombe Musk. « Mais le management par la terreur a également engendré une véritable culture de la délation : pour détourner la fureur du grand patron, les gens n'hésitent pas à pointer les erreurs ou les manquements de leurs collègues; cela crée une atmosphère nauséabonde », livre cet ancien top-manager de SpaceX qui avoue avoir vécu l'une des pires années de sa vie dans l'entreprise californienne. « Rétrospectivement, je me dis qu'avec la pression, les horaires démentiels, la violence de ses propos, Musk a développé une organisation darwinienne qui broie les plus faibles pour faire en sorte que ses entreprises soient toujours au top », analyse un de ses anciens bras droits chez Tesla. « Un véritable monstre qui dévore ses enfants : même les plus forts finissent par se faire broyer », complète une ex-employée de SpaceX.

S'opposer à l'entrepreneur-gourou s'avère très risqué. L'ancien directeur commercial monde de Twitter, le Français Jean-Philippe Maheu, l'a appris à ses dépens. Nous sommes le lundi 31 octobre 2022, et le nouveau propriétaire du réseau social à l'oiseau bleu a organisé en urgence une visioconférence avec les pontes des plus grandes agences publicitaires de la planète. Musk veut les rassurer. Pour cause, la réclame représente 90 % des revenus de la plateforme. Il s'engage à poursuivre la modération des échanges sur le réseau, et à ne pas rouvrir grand les vannes aux extrémistes de tout poil. Fin de la réunion. Le message est passé, et il a plutôt été bien reçu. Tout le monde dans la salle peut souffler. Le regard rivé sur son smartphone, Elon lâche alors : «Je crois que je vais tweeter : "Si Twitter gagnait un dollar à chaque fois qu'on me demande si je pense faire revenir Trump sur le réseau social, Twitter serait ultra-rentable."» Sa mère et ses proches conseillers, qui l'entourent ce jour-là, trouvent l'idée drôle. Jean-Philippe Maheu, lui, n'est pas du tout du même avis. Il sait que cela va à nouveau effrayer les annonceurs, qui vont penser que Musk est définitivement incontrôlable. Il dit alors à son nouveau patron que c'est une très mauvaise idée. Celui-ci ne lui répond pas et poste son message dans la foulée. Le lendemain, le directeur commercial de Twitter reçoit un appel de la DRH pour lui signifier son licenciement. Dans la minute, son ordinateur est bloqué et la sécurité vient l'escorter vers la sortie. On ne dit pas non à Musk… Mais que font les syndicats ? Rien, car, pour rappel, ils n'ont jamais réussi à s'implanter dans l'empire dont le patron ne s'est pas privé pour montrer son aversion pour cette forme de contre-pouvoir qui lui semble absurde et inefficace.

«Elon peut se comporter comme un vrai tyran, car il n'a pas d'empathie pour les gens. La seule chose qui lui importe, ce sont les objectifs qu'il s'est fixés et les moyens pour y parvenir le plus rapidement possible», nous explique Jim Cantrell, l'ingénieur qui a accompagné Musk en Russie à l'époque où ce dernier voulait acheter des fusées. Cette incapacité à s'identifier à l'autre, à lire ses émotions, à comprendre que l'humiliation publique laisse une blessure profonde pourrait en grande partie s'expliquer par le syndrome d'Asperger dont souffre le milliardaire. Lorsqu'au printemps 2021 il a révélé être atteint de cette forme d'autisme, ceux qui l'ont côtoyé de près n'ont en réalité guère été surpris. « Quand il est devant vous, il se tient exagérément droit, ne cligne pas des yeux et son regard semble vous traverser, comme s'il ne vous voyait pas. Franchement, on a plus l'impression d'avoir affaire à un robot qu'à un être humain », lâche François Chopard, le patron de Starburst, l'un des plus gros accélérateurs au monde de start-up des domaines spatial et aéronautique, qui l'a croisé à plusieurs occasions. « Quand il entre dans une pièce, il ne dit pas bonjour et n'a aucun contact visuel avec les gens présents. Et si vous allez le voir pour discuter, il ne vous regarde jamais dans les yeux, mais plutôt au niveau du ventre, c'est assez perturbant », ajoute un ancien haut cadre de Tesla. Autre particularité du gaillard, son impossibilité à tenir une discussion à trois. «J'ai pu constater plusieurs fois que lorsque vous vous retrouvez seul avec lui et une autre personne, alors il choisit celle qui lui semble la plus intéressante et ignore totalement l'autre, comme si elle avait disparu. Quand cette personne, c'est vous, vous vous sentez très seul… » ajoute un ancien proche de Musk.

Mais ne sombrons pas non plus dans la caricature. L'excentrique milliardaire n'est pas une sorte de Raymond Babbitt, le jeune autiste incarné par Dustin Hoffman dans le film *Rain Man*. « Il exprime des émotions, et plaisante souvent : c'est juste que tout semble surjoué, un peu comme s'il essayait de mimer des sentiments qu'il a vus chez les autres, mais qu'il ne maîtrise pas vraiment », raconte un de ses anciens bras droits chez

Tesla. « Parfois vous êtes avec lui, et vous sentez qu'il disparaît dans ses pensées, qu'il est dans son monde intérieur », résume pudiquement Simon Sproule.

Est-ce qu'au moins, pour se faire molester par un patron incapable d'empathie, les soldats de l'armée muskienne touchent des salaires mirobolants ? En aucun cas ! Que cela soit chez Tesla ou SpaceX, toutes les personnes que nous avons interrogées confirment que les émoluments appartiennent tout juste aux standards du secteur. En revanche, chaque salarié reçoit des stock-options, des actions de l'entreprise, qui lui sont données ou vendues à prix préférentiel. L'objectif est d'éviter les mercenaires, en fidélisant les meilleurs éléments. « Vous devez rester une année entière pour vous voir attribuer un premier lot d'actions. Alors on s'accroche comme on peut pour passer le cap des douze mois ! Le reste des stock-options s'étale ensuite sur les trois années suivantes, mais peu de salariés tiennent aussi longtemps », détaille un ancien haut gradé de Tesla. Bienheureux ceux qui ont bénéficié de ces avantageux bonus. Imaginons que vous ayez été embauché en janvier 2012 – l'action du constructeur de bolides électriques tournait alors autour de 5 dollars – et que vous ayez reçu 50 000 dollars de stock-options. Imaginons maintenant que vous n'avez jamais revendu vos parts : dix ans plus tard, à la date du 5 mars 2023, vos 50 000 dollars en valent 1,9 million, le cours de Tesla ayant été entre-temps multiplié par quarante !

Au-delà de ces lots d'actions cousus d'or, inscrire sur son CV une ligne SpaceX ou Tesla constitue un formidable accélérateur de carrière et l'assurance d'un futur salaire *king-size*, tant les entreprises concurrentes sont prêtes à faire des folies pour tenter de décrypter la martingale muskienne. « Pas mal de jeunes ingénieurs voient cela comme une expérience à mi-chemin entre le stage commando et un super MBA : ils savent qu'ils vont souffrir et devoir mettre leur vie entre parenthèses, mais que cela va faire s'envoler leur carrière », décrypte un ancien de l'entreprise. Nombre d'ex-salariés de la galaxie Musk évoquent également une expérience qui a changé leur façon d'être au monde, une véritable épiphanie personnelle. « Mon expérience chez Tesla a été une révélation : elle m'a obligé à repousser mes limites bien au-delà de ce que j'aurais jamais imaginé. Il y a eu un avant et un après Tesla », confie un ancien cadre de haut niveau.

Mais selon certaines femmes, l'expérience se serait tout simplement avérée traumatisante. Plusieurs plaintes pour harcèlement sexuel ont en effet été déposées par des employées de SpaceX ou de Tesla, ces dernières années. Toutes accusent leur hiérarchie de ne pas les avoir suffisamment protégées, malgré leurs alertes répétées. Deux enquêtes fouillées du *Washington Post*[1] et de *The Verge*[2] révèlent un sexisme et une culture du harcèlement endémique dans ces entreprises, en particulier sur les sites de production. Toutes les victimes présumées rapportent ainsi des blagues graveleuses, des

1. « Six Tesla Workers File Additional Lawsuits alleging Sexual Harassment », *The Washington Post*, 14 décembre 2021.

2. « Five Former SpaceX Employees speak out about Harassment at the Company », *The Verge*, 14 décembre 2021.

mots obscènes et des gestes déplacés de la part de leurs collègues, et parfois même de leur manager direct. Les ressources humaines des deux sociétés n'auraient jamais pris le problème à bras-le-corps, se contentant, dans le meilleur des cas, de rappeler à l'ordre l'auteur du délit et de changer de service les femmes harcelées. Le long témoignage de l'ancienne ingénieure SpaceX, Ashley Kosak, mis en ligne fin 2021 sur le site Lioness[1], a fait beaucoup de bruit outre-Atlantique et provoqué de sérieux remous au sein même de l'entreprise aérospatiale. Elle y raconte notamment comment, « quelques semaines après [s]on arrivée, un collègue [l]'a approchée, alors qu[’elle] lavai[t] [s]es couverts, et [lui] a attrapé [l]es fesses », qu'un autre aurait touché sa poitrine à l'occasion d'une soirée organisée par l'entreprise et qu'elle aurait reçu des messages à caractère sexuel de la part d'un très grand nombre de ses collègues masculins. Malgré des plaintes répétées à sa direction, aucun de ses collaborateurs n'a, à sa connaissance, été licencié ni même mis à pied. « En tant qu'organisation, SpaceX met en avant sa mission par-dessus tout, au détriment du bien-être des employés », assure-t-elle dans son texte. En clair, rien ne doit distraire l'entreprise de son objectif martien, pas même des problèmes de harcèlement sexuel, jugés anecdotiques, semble-t-il. Pour la jeune ingénieure, la structure est « tellement gangrenée par le sexisme que le seul remède est d'en partir ».

1. « At SpaceX, we're told we can change the World. I couldn't, however, stop getting sexually harassed », *Lioness*, 2021.

Le problème a été jugé suffisamment sérieux chez SpaceX pour que la numéro deux, Gwynne Shotwell, se décide à diligenter un vaste audit sur la façon dont y sont traitées les femmes. Le rapport n'a néanmoins pas été rendu public à ce jour. Bien sûr, on ne peut pas reprocher à Elon Musk les agissements malveillants, voire délictueux, de certains de ses salariés. Mais pour les plaignantes, le milliardaire a largement contribué à alimenter cette ambiance de *boys' club* où les hommes se croient tout permis, par ses nombreux tweets sexistes. Outre ses nombreuses références au chiffre 69 – manifestement une petite obsession personnelle, quand on sait qu'en octobre 2020, il avait déjà décidé de fixer le prix de la Tesla Model S à 69 420 dollars, 69, pour donc évoquer la position sexuelle, et 420 pour la référence populaire au cannabis aux États-Unis –, Musk a annoncé, à l'automne 2021, qu'il réfléchissait à créer une nouvelle université scientifique au Texas, le « Texas Institute of Technology & Science », se gaussant ensuite des fabuleuses opportunités en termes de *merchandising*, l'acronyme de cette université fictive, « Tits », signifiant « seins » en anglais… Bas du front et puéril, certes, mais les femmes harcelées dans ses entreprises affirment surtout que ce genre de tweet a pour effet de renforcer les comportements sexistes de leurs collègues masculins, une meute toujours prompte à aboyer…

10

Musk, le pirate

La Tesla Model S file sur la National Highway A1 en direction d'Hornsdale, dans l'État d'Australie-Méridionale. À l'arrière, Musk peine à déplier son mètre quatre-vingt-huit. Mais, en ce début décembre 2017, le léger inconfort et les seize heures et trente minutes de décalage horaire avec la Californie ne suffisent pas à entamer le moral du *serial* entrepreneur. Il a gagné son pari. Un pari à un contre dix… ou plutôt contre cent : construire en seulement cent jours ce qui doit être alors la plus grande batterie lithium-ion au monde, dans cette bourgade située à trois heures de route d'Adelaide, un véritable tour de force, déclenché par une énième bravade muskienne sur Twitter. Sujet à des pannes électriques à répétition allant parfois jusqu'à la coupure totale, comme en septembre 2016, l'État d'Australie-Méridionale avait publiquement fait part de sa volonté de trouver une solution alternative aux générateurs diesel ou aux centrales à gaz à démarrage rapide, dans l'optique de sécuriser son réseau en cas de défaillance. Le patron de Tesla s'était alors vanté, sur le réseau social, de pouvoir régler le problème en trois mois, grâce à une batterie d'une taille inédite, capable de stocker plus de 100 mégawatts : suffisamment pour stabiliser le système, tout en alimentant 30 000 foyers aux heures de pointe. Et, pour pimenter la chose, Musk s'était ensuite engagé à ne pas réclamer le moindre centime s'il n'avait ne serait-ce qu'un jour de retard.

Pari gagné, donc, et même avec plusieurs jours d'avance, notamment grâce à son partenariat avec le producteur d'énergies renouvelables français Neoen, qui a connecté la batterie géante à son parc éolien et qui exploite depuis lors le site. Le trublion savoure sa victoire. Seul hic : on ne trouve aucune station dans le désert australien pour recharger la berline électrique. Bien sûr, le milliardaire aurait pu embarquer dans n'importe quelle voiture thermique pour régler le problème, mais notre homme est trop orgueilleux pour mettre les pieds dans un modèle de la concurrence. « Les équipes Tesla ont dû installer à mi-parcours un groupe électrogène, alimenté donc par un moteur thermique, pour recharger la voiture du boss », raconte un cadre du constructeur, présent ce jour-là. En clair : brûler de l'essence pour faire rouler le bolide électrique d'Elon... Si on ajoute à cela les 26 000 kilomètres aller-retour en jet privé, l'épopée frise l'indécence écologique pour celui qui aime à se présenter en héraut de la décarbonation.

Le carcan des règles, de la bienséance et de la morale ? Très bien pour les autres, pour les gens normaux, pour la « piétaille ». Lui a trop à faire et trop peu de temps pour se laisser corseter. La mission de faire de l'être humain une espèce multiplanétaire afin d'assurer sa survie, quand notre bonne vieille Terre, lassée des coups de boutoir et de l'ingratitude humaine, aura rendu l'âme, autorise tout. Si les startupers de la Silicon Valley ont, pour la majorité d'entre eux, gravé dans leur ADN la transgression, inhérente selon eux à l'innovation, Elon Musk a élevé la piraterie au rang d'art de vivre. Le cadre, quel qu'il soit, est fait pour être bousculé, rudoyé, remodelé, jusqu'à ce qu'il ait revêtu la forme adéquate et épouse le tourbillon de ses ambitions, quitte à mordre la ligne rouge, à s'attirer l'opprobre général, et parfois même à mettre ses business en danger. En effet, quand la loi devient selon lui oukase, ou que la réglementation ne progresse pas assez vite pour suivre ses grandes enjambées, alors Musk n'hésite pas à passer outre. Tout simplement. Selon l'*ego* boursouflé du milliardaire, ce n'est pas à lui de s'adapter au monde et à ses petites règles mesquines, mais bien au monde de se mettre en ordre de marche en vue de suivre la cadence.

Aveuglé par son *hubris*, Musk semble parfois s'imaginer au-dessus de la justice des hommes. Mais si le fantasque milliardaire n'en fait souvent qu'à sa tête, c'est surtout qu'il est bien décidé à écrire son propre évangile, avec en point de mire son rêve martien, une destinée dont il semble impossible de le détourner. « Elon est quelqu'un que rien ni personne ne peut arrêter, quand il s'est fixé un objectif ; je ne l'ai jamais vu avoir peur, même dans des moments où il risquait de tout perdre », raconte un de ses anciens bras droits chez Tesla.

Il se permet de snober cette crainte, même quand il signe un contrat en bonne et due forme, comme celui paraphé au printemps 2022, dans lequel il s'engageait à racheter le réseau social Twitter. Pour expliquer cette soudaine emplette de 44 milliards de dollars, il expliquait à l'époque vouloir redonner ses lettres de noblesse à la liberté d'expression, alors que le réseau social n'avait de cesse, selon lui, de resserrer les mailles de la censure. Mais après des semaines d'atermoiement, entrecoupées de déclarations à la hache contre les dirigeants de la plateforme, trois mois plus tard, il renonçait à acquérir Twitter. Quelle explication donner à cette surprenante volte-face ? Musk accuse le réseau social fondé par Jack Dorsey de lui avoir fourni des données trompeuses sur le nombre de comptes faux ou inactifs. Le conseil d'administration de l'entreprise ne l'entend pas de cette oreille. Persuadé que l'homme d'affaires a en réalité décidé de retirer son offre après avoir vu le cours de Bourse de Twitter dévisser, il entend bien l'obliger à aller au bout de l'opération et l'attaque en justice. Sur le réseau social, dont il est l'une des principales locomotives avec près de 130 millions de followers, Musk parade. Il publie quatre photos de lui, hilare, qu'il légende : « Ils ont dit que je ne pouvais pas acheter Twitter. Ensuite, ils ont refusé de révéler les informations sur les faux comptes. Maintenant, ils veulent me forcer à racheter Twitter au tribunal. Maintenant, ils sont obligés de révéler les informations sur les faux comptes. » Derrière les fanfaronnades, le flibustier des affaires comprend qu'il est cette fois-ci allé trop loin, et que la justice va le condamner à boucler l'opération. Pour s'éviter la défaite et plus encore l'humiliation, l'homme accepte finalement de signer le chèque de 44 milliards de dollars peu avant l'ouverture du procès.

Durant la phase la plus aiguë de la pandémie de Covid-19, le Jack Sparrow de la Silicon Valley avait déjà fait des siennes et joué au chamboule-tout avec la réglementation. En mai 2020, comme nous l'avons vu précédemment, le milliardaire avait décidé de rouvrir son usine Tesla de Fremont où se côtoient quotidiennement 10 000 salariés, bravant l'interdiction du comté d'Alameda, où est implanté le site. Pas de réelle surprise pour les autorités, puisque notre homme n'avait eu de cesse, les mois précédents, de qualifier le Covid-19 de maladie « stupide », de dénoncer le confinement comme une décision « fasciste », et avait prévenu très clairement de son intention de relancer ses lignes de production pour livrer des clients toujours plus nombreux malgré la pandémie, voire de délocaliser son usine dans un État plus permissif.

Bravache, Musk avait annoncé le matin du 11 mai sa décision, comme toujours *via* son porte-voix officiel, Twitter : « Tesla reprend la production aujourd'hui, contre les règles du comté d'Alameda. Je serai dans les rangs avec tout le monde. Si quelqu'un est arrêté, je demande que ce soit moi, et moi seul. » Qui peut imaginer, de ce côté-ci de l'Atlantique, un Luca de Meo, le directeur général de Renault, ou un Carlos Tavares, son *alter ego* chez Stellantis, braver ainsi ouvertement la loi ? Outre l'opprobre public, le lynchage politique et médiatique, ces capitaines d'industrie auraient eu à répondre de leur acte devant la justice pour mise en danger de la vie d'autrui. Mais les États-Unis ne sont pas l'Europe, et surtout, Musk se savait en position de force. Tesla est en effet l'un des plus grands employeurs privés de Californie et le gouvernement Trump lui avait clairement affiché son soutien. Le jour même où l'entrepreneur se mettait hors la loi en relançant la production sur le site de Fremont, le secrétaire au Trésor de l'époque, Steven Mnuchin, déclarait en direct sur CNBC : «Je suis d'accord avec Elon Musk. [...] La Californie devrait se concentrer sur ce qu'elle doit faire pour résoudre les problèmes de santé, afin qu'Elon Musk puisse ouvrir rapidement et de façon sûre, sinon elle va s'apercevoir qu'il a déménagé sa production dans un autre État[1].» Trump lui-même y était allé de son tweet : «Cela peut être fait rapidement et en sécurité.» Finalement, après un semblant d'accord sur les conditions de travail à mettre en place dans l'usine, le patron n'a jamais été inquiété par la justice de son pays.

Quand Elon Musk ne joue pas les briseurs de confinement, il n'hésite pas à ériger une gigantesque usine à une quarantaine de kilomètres de Berlin… sans permis de construire! De l'autre côté du Rhin, tout le monde a encore en mémoire l'inauguration en grande pompe de la toute première Gigafactory européenne à Grünheide, dans la région de Brandebourg. Le 12 mars 2022, des milliers de riverains ont fait le déplacement pour assister à la «gigafête» organisée par Tesla, en l'honneur de la naissance de ce mastodonte industriel. Trois cents

1. «Mnuchin says he agrees with Elon Musk and California should let Tesla make Cars again», cnbc.com, 11 mai 2020.

hectares de bâtiments ultramodernes, soit l'équivalent de 420 terrains de football, d'où une fournée de 500 000 véhicules – des Model Y et des Model 3 – devrait à terme sortir chaque année. Ce nouvel investissement a pour but de relâcher la pression sur les autres usines à travers le monde, en particulier celle de Shanghai, en Chine, qui livrait jusqu'ici l'Europe, et de réduire ainsi les délais de livraison. En effet, il n'était pas rare jusque-là d'attendre plus de six mois avant de pouvoir parader avec son bolide électrique. DJ, grande roue, food-trucks, ballons pour les enfants… et comme *guest star*, bien sûr, Elon Musk en personne, aux côtés du chancelier allemand Olaf Scholz et du ministre de l'Économie Robert Habeck, venus spécialement pour l'occasion.

Ce n'est certes pas tous les jours qu'une entreprise inaugure un site qui compte faire travailler 12 000 personnes en vitesse de croisière, qui plus est dans une région de l'ancienne Allemagne de l'Est, sur laquelle la fin du charbon fait peser un lourd risque de déclassement. L'inauguration a lieu avec quasiment une année de retard, et aurait bien pu ne jamais arriver. Si les premières tonnes de béton ont été déversées sur le site deux ans auparavant, Tesla ne disposait pas encore du permis de construire définitif. Les autorités locales avaient cédé au constructeur californien une autorisation provisoire, mais celle-ci pouvait être à tout moment révoquée. Une menace bien réelle. Le chantier a en effet été la cible de nombreuses associations environnementales, inquiètes de l'impact écologique de la future chaîne de production ; ces dernières ont tout fait pour l'entraver et obliger Tesla à rebrousser chemin. À leur demande, la justice a ainsi ordonné à plusieurs reprises la suspension des travaux, notamment pour analyser l'impact sur l'habitat naturel d'espèces protégées de lézards et de serpents. La consommation d'eau avait également été pointée du doigt par les militants, alors que les localités environnantes sont touchées depuis plusieurs années par de sévères sécheresses estivales.

Calmer le jeu, donner des gages de confiance ? Ce n'est pas le genre de la maison. Les équipes d'Elon Musk semblaient prendre un malin plaisir à modifier sans cesse leur demande d'agrément, dans le but de bâtir toujours plus grand, plus imposant, et faisaient évoluer le projet existant vers ce qui pourrait bien devenir la plus grande usine de batteries électriques au monde, avec une capacité de production annuelle qui devrait atteindre les 250 GWh, de quoi électriser encore un peu plus les associations locales. Mais outre-Rhin, on ne plaisante guère avec l'écologie. Pour montrer patte blanche et obtenir enfin le précieux sésame, les équipes de Tesla ont finalement dû soumettre un dossier épais de 400 pages détaillant toutes les mesures prises par l'entreprise pour réduire son empreinte environnementale sur le site. Et si jamais un tribunal local avait finalement décidé d'interdire le chantier ? « Le risque que l'on n'obtienne pas ce permis de construire définitif était assez élevé pour nous pousser à provisionner plusieurs dizaines de millions de dollars », confie un cadre de la marque californienne. En cas de refus, Tesla aurait en effet été condamnée à démolir tous les bâtiments déjà édifiés et à remettre les

300 hectares dans leur état d'origine. « Un jeu dangereux, mais Elon était prêt à courir ce risque pour aller le plus vite possible : si on avait attendu d'avoir l'avis définitif pour poser la première pierre, on aurait perdu deux ans », poursuit le cadre. Deux ans : une éternité, à l'échelle muskienne.

À peu près à la même époque, à 9 000 kilomètres de la Gigafactory allemande, le milliardaire s'amuse à jouer au chat et à la souris avec la puissante Federal Aviation Administration. Nous sommes le mercredi 9 décembre 2020, et le ciel, d'un bleu intense, est parfaitement dégagé au-dessus de la Starbase de SpaceX, située à Boca Chica, un temps idéal pour le premier test grandeur nature de la SN8 (Starship number 8), qui espère atteindre le cap des 10 kilomètres d'altitude. Sur le *live* officiel YouTube qui diffuse l'événement, plus de 600 000 personnes rivées à leur écran contemplent le mastodonte s'élever dans les airs, réaliser un vol parfait de 6 minutes et 30 secondes, avant une spectaculaire remise à la verticale de la fusée pour la dernière phase – la plus risquée – de l'atterrissage. Revenu à trop grande vitesse vers le sol, le prototype explose soudain dans une gigantesque boule de feu et un bruit de tous les diables. « Félicitations à l'équipe SpaceX, ouais », tweete dans la foulée le big boss, qui avait prédit que son engin n'avait qu'une chance sur trois d'atterrir en un seul morceau. À Washington, dans les bureaux de la FAA, l'atmosphère est lourde, tandis que les haut gradés de l'agence se réunissent en urgence pour préparer leur riposte face à cette gifle monumentale : Musk a tout simplement fait décoller sa fusée, alors qu'ils s'y étaient clairement opposés. Du jamais-vu dans l'histoire astronautique ! Ils pensaient l'homme un brin loufoque, ils le découvrent incontrôlable. Avant le lancement du SN8, SpaceX avait en effet demandé « une dérogation pour dépasser le risque public maximal autorisé par les règlements de sécurité fédéraux », peut-on lire dans un communiqué de la FAA. Cette dernière avait mis son veto, estimant que l'entreprise n'avait pas su démontrer l'absence de risque pour les habitants du site. La faute est lourde : Musk a sciemment mis des vies en danger.

Aussi étonnant que cela puisse paraître, notre homme s'en sort pourtant avec un simple avertissement et une obligation de remettre tous ses standards de sécurité à niveau avant le prochain essai… « Dans le comté de Cameron [où est situé Boca Chica], Elon Musk n'a que des soutiens qui sont prêts à tout pour qu'il continue de développer sa Starbase : ils ont pesé de tout leur poids pour que la FAA passe l'éponge », constate amèrement un journaliste local qui, seul contre tous ou presque, tente d'enquêter sur les dérives de SpaceX.

Les pontes de l'agence ont doublement dû manger leur chapeau, puisque, quelques semaines après son infraction, Musk n'a pas hésité à blâmer l'institution, comme toujours sur Twitter : « Contrairement à sa division aéronautique, qui fonctionne bien, la division spatiale de la FAA a une structure réglementaire fondamentalement défaillante. Ses règles sont conçues pour une poignée de lancements par an à partir de quelques installations gouvernementales. Avec ces règles, l'humanité n'ira jamais sur Mars.» Ambiance.

Décidément, Elon Musk a bien du mal à cohabiter avec les organismes de réglementation et il ne semble guère apprendre de ses erreurs. À l'automne 2018, la SEC, le gendarme boursier américain, l'avait pourtant sérieusement secoué. Accusé d'avoir manipulé le cours de Tesla par une série de tweets dans lesquels il assurait avoir «sécurisé» le financement pour racheter toutes les actions et ainsi sortir son entreprise de la Bourse, l'entrepreneur avait été condamné à une amende de 20 millions de dollars, et surtout contraint à démissionner de son poste de président du conseil d'administration de la société. Les discussions avec le fonds souverain saoudien, dont il se targuait, n'avaient rien d'officiel et l'opération tenait manifestement plus du fantasme que du projet solide et concret. Musk pouvait certes garder la direction opérationnelle de son entreprise, mais il se retrouvait cornaqué par la nouvelle présidente, Robyn Denholm, une spécialiste du secteur des technologies, avec l'obligation de faire valider ses tweets concernant Tesla par les juristes de l'entreprise. Signe que notre fougueux milliardaire a senti passer le vent du boulet, il a, pour une fois, joué profil bas au moment de commenter l'arrivée de celle qui était déjà administratrice de la marque de bolides électriques. «Au cours des quatre dernières années, elle nous a aidés à devenir une entreprise rentable. Je suis impatient de travailler encore plus étroitement avec elle.» Il faut dire qu'en l'absence d'accord à l'amiable avec la SEC, il s'exposait à une interdiction à vie d'exercer un poste de dirigeant.

Mais c'est à l'automne de la même année que Musk le pirate va prendre le pas sur Elon l'entrepreneur. Notre homme est exsangue. Dépression, burn-out, les derniers mois ont été terribles. Tesla, qui pèse déjà 50 milliards de dollars de capitalisation sans jamais encore avoir enregistré le moindre bénéfice, traverse une crise de croissance carabinée. La production de la petite dernière, la Model 3, patine sévèrement, rendant hystériques les 455 000 clients qui l'ont précommandée, et donnant des sueurs froides aux investisseurs. Car cette petite berline électrique au prix abordable – 50 000 euros, tout de même – est bien plus qu'un nouveau modèle. Elle doit alors faire passer Tesla du statut de marque pour *happy few* à celui de nouveau géant de l'automobile. Pour aider ses équipes à traverser ce qu'il appelle alors « l'enfer de la production », Musk a installé un lit de camp dans l'usine de Fremont, en Californie, dont il ne sort quasiment plus, s'octroyant quelques heures de sommeil à grands coups de puissants somnifères.

Quelques semaines auparavant, à la fin de l'été, il a donné une interview lunaire au *New York Times*, dans laquelle, passant du rire aux larmes, il confiait son état de fatigue et de stress intense : « Cette dernière année a été la plus difficile et la plus douloureuse de ma carrière. C'était atroce[1]. » Le 6 septembre 2018, quand il

1. « Elon Musk details "Excruciating" Personal Toll of Tesla Turmoil », *New York Times*, 16 août 2018.

se rend au studio d'enregistrement pour un entretien fleuve avec le podcasteur et youtubeur star Joe Rogan, si l'entreprise commence peu à peu à se redresser, l'entrepreneur n'est plus que l'ombre de lui-même[1]. Un verre de whisky à la main, Musk répond aux questions de Joe Rogan, en se perdant dans d'interminables et nébuleuses digressions, expliquant que « l'amour est la solution ». Soudain, il accepte de prendre une bouffée d'un énorme joint que l'animateur a préparé pour tester le milliardaire. Rien d'illégal : l'émission est enregistrée en Californie, où le cannabis récréatif est autorisé. Mais Elon Musk semble avoir oublié à cet instant que le premier client de ses fusées SpaceX n'est autre que la Nasa, l'agence spatiale américaine, qui va très peu apprécier l'incident. Ses membres, de fait, sont ulcérés de voir celui à qui ils ont versé plus de 10 milliards de dollars de contrats en une dizaine d'années, notamment pour ravitailler l'ISS, s'enfumer les neurones en ricanant bêtement.

L'affaire n'en restera pas là. Comme souvent quand Musk dérape, Gwynne Shotwell doit réparer les pots cassés. Or, cette fois-ci, l'enfant terrible de Pretoria a dépassé les bornes. Une enquête est diligentée. Des investigateurs de la Nasa sont envoyés au siège de SpaceX pour passer les principaux cadres à la moulinette afin de savoir si l'affaire relève du simple dérapage ou si elle révèle une véritable culture de la « défonce » chez le constructeur. Pire, Elon Musk et nombre de

1. « Joe Rogan Experience #1169 – Elon Musk », YouTube, 7 septembre 2018.

cadres de la société vont devoir, pendant une année entière, subir des tests antidrogue inopinés. L'affaire finit par se tasser, mais une fois encore, l'entrepreneur est passé bien près de la correctionnelle. Si l'entreprise spatiale avait été exclue de la commande publique, elle aurait disparu corps et biens dans la foulée.

Pourquoi les banques, les marchés et les pouvoirs publics continuent donc de soutenir et de supporter les innombrables incartades muskiennes ? Tout simplement parce que, malgré ses cabotinages et ses caprices, le milliardaire réussit toujours à tenir ses engagements… même avec un sacré retard. Il est parvenu à sortir la Nasa d'une humiliante dépendance aux lanceurs russes pour envoyer ses spationautes vers l'ISS, a enrichi nombre d'investisseurs qui ont vu le cours de Tesla multiplié par plus de dix sur les seules trois dernières années et semble bien parti pour donner une longueur d'avance à l'oncle Sam dans la course à la colonisation de l'espace. Si l'homme est parfois détestable, l'entrepreneur est irremplaçable.

En bon pirate, Elon Musk a également une conception assez personnelle de la propriété intellectuelle. Plusieurs fois, il lui est arrivé de confondre les idées des autres… avec les siennes, ou tout au moins de réécrire l'histoire pour s'approprier la paternité d'un concept, voire d'une entreprise. Le plus connu de ses « emprunts », raconté dans la biographie officielle écrite par Ashley Vance, concerne Starlink. Nous l'avons vu, la constellation de satellites, placée en orbite basse, doit apporter l'Internet haut débit dans les endroits les plus reculés de la planète, là où les opérateurs terrestres ne peuvent pas aller, ou ne veulent pas dérouler du câble pour des questions de rentabilité économique. Offrir la puissance du Web aux près de trois milliards de terriens qui n'y ont pas encore accès, l'idée semble aussi géniale que noble. Cependant elle n'est pas née dans l'esprit fécond du milliardaire, mais dans celle d'un autre inventeur de la Silicon Valley : Greg Wyler.

Silhouette musculeuse et sourire carnassier, cet ingénieur est devenu millionnaire à la fin des années 1990, avant même d'atteindre 30 ans, grâce à un système révolutionnaire de refroidissement des ordinateurs. Devenu investisseur, l'homme aurait pu passer le reste de ses jours à vivre généreusement de ses rentes. Mais la découverte, en 2002, du corps inerte de sa mère, violemment assassinée à son domicile de Winchester, dans le Massachusetts, infléchit sa trajectoire. Après la tragédie, l'épiphanie : Greg Wyler se fait la promesse de rendre le monde plus juste. Commence alors à germer dans son esprit le plan d'apporter partout sur la planète l'Internet haut débit, synonyme selon lui de démocratie et de développement économique. Mais pour envoyer dans l'espace une armée de satellites, il lui faut des fusées. Il décide de se tourner vers une vieille connaissance qui a justement développé une société de lanceurs, SpaceX.

Nous sommes en 2014; Musk et Wyler passent des soirées entières à s'échauffer les neurones pour décortiquer le projet. Les deux hommes ont le même âge et le même parcours. Ils sympathisent et décident de s'associer. Mais, selon Greg Wyler ainsi que plusieurs témoins de l'époque, Musk en aurait profité pour s'approprier l'idée et travailler en parallèle sur son projet personnel de constellation, qui deviendra Starlink. Averti de la trahison, Wyler décide finalement de poursuivre seul et crée sa propre constellation, OneWeb. Mais alors que le Starlink vole de succès en succès et a déjà lancé, début 2023, environ 3 000 satellites, OneWeb passe tout près de la faillite, et ne doit son salut qu'à son rachat par un tandem anglo-indien, qui finit lui-même par passer la main à l'opérateur français de Eutelsat, avec qui il vient de fusionner. L'histoire est toujours écrite par les vainqueurs et, dans l'esprit du grand public, c'est bien à Musk que l'on doit la révolution des constellations.

De nombreuses autres rumeurs de plagiat flottent autour de la statue du sulfureux milliardaire. Par exemple, l'Hyperloop est le projet d'un mode de transport potentiellement révolutionnaire, qui ferait circuler des capsules véhiculant une trentaine de personnes à plus de 1 000 kilomètres à l'heure dans de gigantesques tubes à basse pression, sous terre ou juchés sur des pylônes. «En 2012, Musk rencontre les dirigeants d'une start-up, ET3, qui a déjà déposé des brevets autour de cette technologie. Ils s'imaginent alors que le milliardaire va les aider à industrialiser leur système. Las, un an plus tard, quand Musk publie son premier document détaillant le projet, ils comprennent qu'il s'est largement inspiré du leur», raconte ainsi Sébastien Gendron, cofondateur de TransPod, une start-up travaillant sur la technologie de l'Hyperloop. En effet, Elon ne s'est pas lancé directement dans l'aventure, mais s'est contenté d'encourager des start-up à exploiter « sa » technologie.

Détrousseur d'idées, roublard et souvent à l'extrême limite de la légalité : le tableau est déjà bien chargé. Ce dernier ne serait pourtant pas complet si on ne creusait pas le côté espiègle et railleur du geek milliardaire. L'un de ses grands plaisirs est notamment de moquer ses concurrents en prenant à témoin son immense communauté de zélotes sur Twitter. À l'été 2022, c'est Lucid Motors, une prometteuse start-up californienne de voitures électriques, qui en a fait les frais. Alors qu'elle vient d'annoncer une production de 6 000 à 7 000 Lucid Air pour l'année 2022 – au lieu des 20 000 exemplaires initialement visés –, Elon Musk lâche un tweet aussi court qu'assassin : «J'ai eu plus d'enfants au deuxième trimestre qu'ils n'ont construit de voitures ! » Un an plus tôt, c'était son meilleur ennemi, le fondateur d'Amazon, Jeff Bezos, qui avait essuyé ses gazouillis trempés dans le curare.

Pour comprendre l'origine de la dispute entre les deux multimilliardaires, il faut remonter au mois d'avril 2021. La Nasa vient alors de choisir SpaceX pour construire l'atterrisseur lunaire du programme Artemis, notamment grâce à un tarif imbattable de 2,9 milliards de dollars. Le devis présenté par le Blue Origin de Jeff Bezos était plus de deux fois supérieur. Écœuré, ce dernier a intenté dans la foulée un procès à son rival, l'accusant de vendre à perte pour asphyxier la concurrence. La chose est amusante, de la part du fondateur de la plateforme qui a mis à genoux les petits commerces partout sur la planète avec ses prix cassés… Pour Musk, l'occasion est trop belle : « Si le lobbying et les avocats pouvaient nous mettre en orbite, Bezos serait sur Pluton », tweete-t-il dans la foulée. Bezos boit le calice jusqu'à la lie, puisque la cour fédérale des réclamations statue quelques mois plus tard en faveur de Musk.

Quand ce dernier ne taquine pas ses consorts, ou ne provoque pas en duel à mains nues les dirigeants nord-coréen et russe, Kim Jong-un et Vladimir Poutine, *via* Twitter, pour rétablir la paix dans le monde, il diffuse en *live*… ses selles. Vraiment. « Je dépose juste quelques amis à la piscine », a-t-il ainsi informé ses près de 130 millions de followers, le soir du 29 novembre 2021, après avoir indiqué qu'au moins la moitié de ses tweets étaient « écrits sur un trône de porcelaine ». Vingt et une minutes après ce premier message, notre homme a posté une sorte de mise à jour : « Splish splash. » La grande classe. Le génie a semble-t-il une sorte de passion pour le sujet. Au tout début de l'année 2019, il décidait de faire envoyer à tous les propriétaires de Tesla une mise à jour logicielle permettant au véhicule de produire six sons de pets différents (« Falcon Heavy », « Boring Fart », « Not a Fart »…). Ravi de son nouveau pied de nez, il tweetait dans la foulée : « S'il vous plaît, inscrivez "A inventé le pet de voiture" sur ma pierre tombale. C'est ma seule requête. »

Musk est un *serial* twitter qui ne cherche pas à se soigner. « Je l'ai vu, dans des réunions stratégiques, tout arrêter, prendre une à deux minutes pour écrire son tweet et reprendre la réunion comme si de rien n'était », raconte Luc Leroy, ancien directeur de la branche automatisation de Tesla, et fondateur de la start-up Full Speed Automation. Parfois, donc, pour faire des blagues de collégien. Humour d'adolescent attardé ou troisième degré ? Difficile à dire mais il reste une certitude : sa communauté de followers sur le réseau social ne cesse de grandir. Pour elle, la parole muskienne a valeur d'évangile. Ainsi, quand l'entrepreneur change le contenu de sa biographie Twitter pour y ajouter le hashtag « Bitcoin », la courbe de la cryptomonnaie s'envole. *Idem*, lorsqu'il évoque dans l'un de ses posts le Dogecoin, une cryptomonnaie qui se voulait au départ une blague et dont le nom est une référence à un mème internet représentant un chien originaire du Japon, le *shiba inu*. Nombreux sont ceux qui le soupçonnent d'avoir, à chaque fois, fait une jolie culbute financière en ayant acheté au préalable d'importantes quantités de devises numériques.

Certes, il doit être difficile de ne pas céder à la tentation lorsqu'on a entre les mains un outil de communication aussi puissant… Et si la manœuvre est très limite, elle n'est pas illégale. Mais Musk le pirate serait-il aussi un vrai hors-la-loi ? C'est ce que prétend une ancienne hôtesse de l'air qui a travaillé pour SpaceX, et qui l'accuse d'agression sexuelle. L'affaire a été révélée au printemps 2022 par le site américain Insider[1]. D'après l'article, c'est à l'occasion d'un vol dans un jet appartenant à la compagnie, en 2016, qu'Elon Musk

1. « A SpaceX Flight Attendant said Elon Musk exposed himself and propositioned her for Sex, Documents Show. The Company paid $250,000 for her Silence », Insider, 20 mai 2022.

aurait demandé à son interlocutrice de lui prodiguer un massage dans sa cabine, puis lui aurait montré son « pénis en érection ». Il lui aurait ensuite proposé de lui offrir un cheval, si elle « en faisait plus ». L'hôtesse aurait refusé, et Musk ne serait pas allé plus loin. Mais la jeune femme, profondément traumatisée, aurait ensuite été progressivement placardisée, avant que la direction des ressources humaines de l'entreprise lui propose un chèque de 250 000 dollars pour lui faire signer un accord de licenciement incluant une clause de confidentialité.

Ce n'est d'ailleurs pas cette dernière qui a rapporté les faits au journaliste, mais une de ses amies à qui elle s'était ouverte sur l'agression. Comme toujours, Musk a donné sa réponse sur Twitter : « Si j'étais enclin à me livrer à du harcèlement sexuel, il est peu probable que ce soit la première fois que cela soit révélé, dans une carrière de trente ans. » Dans un courriel adressé au personnel, Gwynne Shotwell a de son côté joué le rôle de caution morale : « Personnellement, je pense que ces allégations sont fausses, non pas parce que je travaille pour Elon, mais parce que je travaille en étroite collaboration avec lui depuis vingt ans et que je n'ai jamais vu ni entendu quoi que ce soit qui ressemble à ces allégations[1] », a-t-elle écrit dans un e-mail dévoilé par *The Verge*. « Je n'ai jamais vu Elon avoir un comportement déplacé envers une femme », nous assure un de ses anciens bras droits chez Tesla. Si un accord financier a

1. « SpaceX's Gwynne Shotwell defends Elon Musk to Employees after Allegations of Sexual Misconduct », *The Verge*, 24 mai 2022.

effectivement été signé, nul ne connaîtra jamais la vérité sur cette histoire.

Une autre affaire pourrait bien lui valoir des ennuis avec la justice. Elle concerne cette fois-ci le logiciel Autopilot de Tesla, qui a été impliqué dans un nombre alarmant d'accidents graves. La National Highway Traffic Safety Administration a même ouvert une enquête à l'été 2021. L'agence américaine chargée de la sécurité routière s'intéressait plus particulièrement à une série de onze accidents, survenus depuis 2018, avec des véhicules d'urgence stationnés auprès de voitures accidentées, ayant fait au total dix-sept blessés et un mort. Un an plus tard, cette investigation est passée du stade d'évaluation préliminaire à celui d'analyse d'ingénierie, dernière étape avant un possible rappel massif des Tesla circulant aux États-Unis. Cette décision coûterait une somme astronomique au constructeur californien et s'avérerait dévastatrice pour l'image de la marque.

Pour rappel, les véhicules équipés de l'Autopilot ne sont considérés que comme des voitures autonomes de niveau 2. En clair, ils peuvent accélérer, décélérer et pivoter le volant pour tourner ou doubler, mais le conducteur doit garder les mains dessus et rester attentif pour pouvoir reprendre le contrôle à tout moment. Le modèle est donc loin d'être un véhicule totalement autonome, dans lequel l'on pourrait lire, regarder un film, dormir… voire batifoler sur le siège arrière, comme quelques propriétaires de Tesla en ont fait la démonstration à leurs risques et périls dans des vidéos devenues virales. Pour certains, c'est à cause de Musk que ces personnes ont pris de tels risques et que des accidents mortels ont eu lieu, car il a largement survendu les capacités de son logiciel. De fait, le nom même de l'Autopilot – actuellement en phase de test – ne peut que prêter à confusion : Full Self Driving («Autoconduite intégrale»), alors même qu'aucune technologie n'est encore capable d'atteindre le Graal des ingénieurs, le niveau 5, grâce auquel la voiture sera entièrement autonome et où il ne sera même plus nécessaire d'avoir un volant et des pédales. Pour ses détracteurs, Musk est donc un pousse-au-crime. Ce dernier arguerait sûrement qu'il a simplement un petit temps d'avance sur la vérité.

11

Elon et la tribu Musk

C'est un immeuble en brique rouge, en plein cœur de Chelsea, sur la 17e Rue au sud de Manhattan. Ce 30 octobre 2022, dans les locaux new-yorkais de Twitter, l'ambiance est électrique. Trois jours plus tôt, le long feuilleton du rachat du réseau social par le milliardaire s'est achevé : Musk a pris le contrôle de Twitter. Après avoir fait le ménage au siège de la société à San Francisco, il a fait savoir qu'il débarquerait prochainement pour rencontrer les équipes. Les déclarations à l'emporte-pièce du bouillant patron et la purge opérée à la tête de l'entreprise inquiètent, et pas seulement les salariés, dont le rythme cardiaque est calqué sur les e-mails qu'ils reçoivent de la DRH. À New York, où toutes les grandes agences de publicité ont leur quartier général, les annonceurs sont en plein doute. Il est «important pour l'avenir de la civilisation d'avoir une place publique en ligne où une grande variété d'opinions peuvent être débattues de façon saine, sans recourir à la violence», a écrit Musk sur Twitter quelques heures avant de monter dans son jet privé. Un message spécifiquement adressé aux marques, dont les annonceurs apportent l'essentiel des revenus de l'oiseau bleu. Le grand patron a bien tenté de calmer leurs inquiétudes en annonçant qu'il allait se doter d'un conseil de modération des contenus, mais, au même moment, il a rétabli le compte du rappeur Kanye West, suspendu quelques semaines plus tôt pour des propos antisémites. Pas vraiment de quoi rassurer les grandes enseignes, qui refusent d'être associées de près ou de loin à des messages sulfureux. Alors, Musk a décidé qu'il allait lui-même convaincre ces publicitaires qui se pincent le nez.

Ce jour-là, il ne vient pas dans les locaux de Twitter avec un lavabo, comme il l'a fait deux jours plus tôt à San Francisco, mais en compagnie de sa mère Maye et de son fils X AE A-XII. Le bambin de trois ans est vite pris en charge par une baby-sitter. Mais Maye, elle, s'installe à la table des discussions, entre les avocats d'affaires et les chefs des grandes agences. Silence gêné. Elle assiste à trois des quatre grandes réunions prévues dans la journée, posant des questions, donnant son avis, riant aux éclats aux blagues potaches sinon douteuses de son fils aîné. À l'exception de la garde rapprochée de Musk, tout le monde, autour de la table, est estomaqué. « Nous n'avons rien dit, mais franchement, personne n'a compris ce qu'elle faisait là, ni quel était son rôle exact », confie un participant, qui sera remercié une poignée de jours plus tard. Le lendemain soir, c'est sur le tapis rouge d'une grande fête d'Halloween, organisée par l'ex-mannequin Heidi Klum, que l'on retrouve la mère et le fils. Elle arbore une tenue noire punk-gothique, lui est sanglé dans une sorte de combinaison cloutée rouge sombre de samouraï.

Comment expliquer la présence de sa mère à ses côtés en ces occasions-là ? On peut imaginer deux réponses. La première : l'homme se moque des conventions, du qu'en-dira-t-on, et n'en fait qu'à sa tête. La seconde : inconsciemment, et malgré son comportement de bouledogue, Musk a besoin d'être entouré, rassuré, valorisé. La vérité se situe sans doute entre les deux.

Car Musk n'est pas le grand loup solitaire qu'on pourrait croire. Certes, il vit enfermé dans une bulle égotique que personne n'a jamais vraiment réussi à percer. Colérique, émotif, impulsif, immature, sans affect… l'homme est tout cela, et plus encore. Sa personnalité reste une énigme, même pour les proches collaborateurs que nous avons rencontrés. Au fil de nos entretiens, tous ont pointé l'insécurité affective du milliardaire. Un vide qu'il comble par la boulimie de travail, la démesure, l'outrance.

Au fil des années, le clan Musk a tissé une sorte de cordon sanitaire autour de lui. Maye en est le maillon essentiel. Il suffit de suivre son compte Twitter pour s'en rendre compte. Il ne se passe pas un jour sans que la septuagénaire relaie une bonne nouvelle concernant le lancement d'une fusée de SpaceX ou les chiffres de ventes de Tesla, jusqu'à prendre à partie les journalistes du *Los Angeles Times* qui n'auraient jamais eu, selon elle, un seul commentaire positif et honnête sur le constructeur. Début février 2022, elle publie sur son compte des images exclusives de l'usine ultramoderne de Tesla à Berlin, à croire que la mère utilise sa notoriété de mannequin pour assurer la communication et la promotion des sociétés de son fils. La famille ne ment pas, la famille ne se défile pas.

Kimbal Musk, le cadet, n'est jamais loin non plus, même s'il n'est plus au cœur des affaires de son frère aîné. Rappelons-le, ils ont tout partagé, la violence du divorce de leurs parents, l'installation au Canada, les débuts des aventures entrepreneuriales dans la Silicon Valley, les premiers millions de dollars... Kimbal a toujours un siège au conseil d'administration de Tesla et de SpaceX. Lui aussi a quitté le soleil californien pour Austin, au Texas, où Elon Musk a posé ses valises et a construit une autre Gigafactory pour Tesla. Avec le chapeau de Texan qu'il arbore sur toutes les photos et sa dégaine de cow-boy, Kimbal s'affiche désormais comme philanthrope et s'est reconverti dans l'agriculture urbaine. Loin des fusées et des rêves martiens d'Elon, il a créé Square Roots, une start-up qui cultive des légumes dans des containers. Il a aussi fondé Big Green, une association promouvant une alimentation saine et durable auprès des enfants pauvres issus des quartiers difficiles. Mais quand son frère se lance à l'assaut de Twitter au printemps 2022, Kimbal est là, en coulisse, donnant son avis sur la possible métamorphose du réseau social en super-application, avec des fonctions de paiement par QR code, d'achat en ligne, de jeux vidéo, etc. C'est le fameux projet X, en référence à X.com, l'entreprise créée par les deux frères près de vingt ans plus tôt. Comme on n'est jamais mieux servi que par soi-même, Big Green est l'une des associations qui ont le plus profité des largesses de la Musk Foundation, imaginée par les deux hommes en 2002. Chez les Musk, on a le sens des affaires… en famille.

Quant aux cousins germains Peter et Lyndon Rive, ils ont, eux aussi, une place à part dans cette galaxie. Nous l'avons vu, comme les frères Musk, ils sont nés en Afrique du Sud. Ensemble, ils ont fait les quatre cents coups à Pretoria, passant leurs nuits d'adolescents à jouer au jeu de rôles *Donjons et Dragons*, Elon s'attribuant systématiquement la fonction de maître du jeu. Eux aussi ont quitté leur pays natal pour conquérir la Silicon Valley. En 2006, ils fondent SolarCity, spécialisée dans la construction de panneaux solaires. Dès le départ, Elon en est l'actionnaire principal. Mais si Musk est un manager génial, ses cousins n'ont pas la fibre des affaires aussi développée. Le photovoltaïque a beau être un secteur en plein essor, leur entreprise perd des millions de dollars et croule sous les dettes. Alors, en 2016, l'homme d'affaires la sauve, et ses deux cousins avec. Par l'intermédiaire de Tesla, il rachète la société pour 2,4 milliards, une somme astronomique, alors que l'entreprise des frères Rive est proche de la sortie de route. En parallèle, Musk tente de mettre en avant la complémentarité des batteries de Tesla et des panneaux solaires de SolarCity, mais le chèque de 2,4 milliards passe mal auprès de certains gros investisseurs de Tesla. Certains d'entre eux décident même de porter plainte et dénoncent la mauvaise utilisation des fonds du constructeur. Pour éviter un procès, les membres du conseil d'administration préfèrent payer 60 millions de dollars plutôt que de déballer devant la justice les conditions opaques de l'opération. En avril 2022, le tribunal du Delaware tranche cependant en faveur du milliardaire, en affirmant que les conditions du rachat se sont déroulées normalement et que personne n'a été lésé dans l'affaire. En définitive, Elon n'a pas laissé tomber Peter et Lyndon qui, désormais riches à millions, se sont reconvertis en *business angels*. Dans la tribu Musk, on se serre les coudes.

À côté du clan familial, le Mogul s'est constitué au fil des années une garde rapprochée qui lui doit tout, des janissaires acquis à sa cause, qu'il peut appeler à n'importe quelle heure du jour et de la nuit, qu'il envoie sur tous les fronts pour faire le ménage autour de lui. Car une foultitude de courtisans, d'investisseurs, de fans enamourés par les visions de leur gourou-messie font quotidiennement le siège de sa porte, salivant sur les milliards du patron visionnaire. Les échanges de SMS entre Musk et ces bataillons de flagorneurs au début de l'affaire Twitter, rendus publics par le tribunal du Delaware en septembre 2022, sont riches d'enseignements. Sur une quarantaine de pages truculentes, on y découvre une galerie de personnages qui encensent les projets du milliardaire, sans aucune retenue : Joe Rogan, figure sulfureuse des podcasts, proche de l'ultra-droite américaine, propose de nombreuses fois ses services ; des *business angels*, comme Jason Calacanis qui présente clé en main un plan de redressement de l'entreprise, la suppression immédiate de 20 % des effectifs, et se positionne même comme futur P.-D.G.

du réseau social – « *Twitter CEO is my dream job* », écrit-il ; des financiers aussi, comme Michael Grimes, un des pontes de Morgan Stanley, qui propose de mettre Musk en contact avec Sam Bankman-Fried, le fondateur de la plateforme de cryptodevise FTX, quelques semaines avant que l'empire de ce petit roi du Bitcoin ne s'effondre, révélant aux yeux du monde entier une immense arnaque.

Chaque fois, Musk répond, assure à certains des postes prestigieux, puis se rétracte, oublie ses promesses initiales, efface de sa mémoire ces courtisans du moment. Car deux hommes veillent au grain, surveillent les moindres tocades de leur bouillant patron, et, quand il le faut, le ramènent doucement dans le monde réel. L'avocat et le financier. Le droit et l'argent : Alex Spiro et Jared Birchall.

Tous deux sont au cœur de l'empire Musk depuis des années. Ils ont joué un rôle majeur dans la conquête de Twitter. Spiro et Birchall se sont rencontrés en 2019, lors du procès en diffamation intenté contre Musk par un plongeur et spéléologue britannique, Vernon Unsworth. Un an plus tôt, alors qu'une dizaine d'enfants sont coincés dans une grotte en Thaïlande depuis deux semaines, Musk propose d'envoyer un sous-marin miniature pour les sauver. Une idée stupide, affirme le Britannique, qui vit une partie de l'année en Thaïlande et a fourni des indications topographiques aux secouristes. Le plan Musk n'a « absolument aucune chance de marcher » ; il peut « se coller son sous-marin là où ça fait mal », lance-t-il publiquement, accusant à demi-mot le milliardaire d'utiliser le drame pour s'offrir un joli coup de publicité. Ce dernier, comme à son habitude, répond par un torrent de tweets, traitant Unsworth de «pédo», et ajoutant : «Je parie un dollar que c'est vrai», avant d'effacer son message insultant. Birchall engage alors Spiro pour défendre Musk. L'avocat remporte le procès, et par la même occasion la confiance de Musk. Travailleur acharné, sans scrupule, c'est lui qui défend Musk devant la très puissante Securities and Exchange Commission, le gendarme boursier américain, lorsque le patron est soupçonné d'avoir manipulé les cours de Bourse de Tesla. Il le représente encore lorsqu'il est accusé par les autorités sanitaires du comté d'Alameda d'avoir mis en danger la santé de ses salariés avec la réouverture de son usine en plein confinement. Après le rachat de Twitter, c'est lui, enfin, qui organise le licenciement express de milliers d'employés du réseau social. Dans la galaxie des grands avocats d'affaires, Spiro est un homme à part. Avant d'étudier le droit à Harvard, il a suivi des études de psychologie et a travaillé dans un hôpital psychiatrique auprès d'enfants autistes atteints du syndrome d'Asperger… Alex Spiro sait donc parler à Musk.

Il a surtout su gagner la confiance de Birchall. Car ce dernier est sans doute aujourd'hui l'homme le plus proche du milliardaire. Jared Birchall est P.-D.G. de Neuralink, directeur exécutif de la Boring Company, membre du conseil d'administration de SpaceX, trésorier de la Musk Foundation. Il est aussi le directeur d'Excession LLC, dont le nom qui sonne comme un clin d'œil – *Excession* est un roman de science-fiction de Iain M. Banks – a été donné par Musk à son *family office*, le fonds dévolu à la gestion de sa fortune privée. Au cœur du réacteur, Birchall a l'œil sur tout et s'avère l'architecte financier du rachat de Twitter. En avril 2022, il négocie un gigantesque prêt de 12,5 milliards de dollars adossé à des actions Tesla, auprès d'un pool de banques et de fonds d'investissement. Mais rapidement, il convainc Musk de changer son fusil d'épaule et de se délester d'une partie de ses titres du constructeur automobile pour financer en numéraire le rachat de l'oiseau bleu. Entre avril et décembre 2022, Musk en cède alors pour près de 39 milliards. Envoyé en mission pour passer les comptes du réseau social à la paille de fer, Birchall a imposé que toute dépense non prévue porte sa signature.

Les deux hommes sont inséparables. Sur le papier, pourtant, tout les oppose. Musk est aussi extraverti que Birchall est secret. Ce mormon pratiquant, père de cinq enfants, ne boit pas, ne fume pas. Mais, comme Musk, il n'hésite pas à flirter avec la ligne rouge. Recruté au début de sa carrière, en 2000, par la banque d'affaires Merrill Lynch, il est licencié pour faute grave après avoir remis des documents à l'un de ses clients sans l'aval de sa hiérarchie. Il rejoint ensuite Morgan Stanley – la banque a été au cœur du rachat de Twitter –, avant d'être embauché en 2016 pour diriger le fonds de Musk. Année après année, il a gagné ses galons de bras droit, surveillant tout, du CV des nourrices qui s'occupent de la ribambelle d'enfants jusqu'aux agents de sécurité du milliardaire. Là encore, la lecture des messages échangés par Elon Musk avec certains de ses contacts, révélés par le tribunal du Delaware, illustre le poids et le rôle de Birchall. « Morgan Stanley et Jared me disent que tu utilises notre amitié d'une mauvaise façon. Ça donne l'impression que je suis désespéré. Arrête », écrit Musk à Jason Calacanis, le 12 mai 2022. « Tu n'es pas désespéré. Les plus grands investisseurs soutiennent ton deal… » répond ce dernier. « Morgan Stanley et Jared sont très contrariés », poursuit Musk. « Tu sais que je roule ou que je meurs pour toi, mon frère », ajoute son interlocuteur quelques secondes plus tard.

Ce dernier n'obtient finalement pas le poste de P.-D.G. de Twitter qu'il désire tant. Le cerbère Birchall s'y est opposé, tout comme il est monté au créneau en voyant, au fil des années, Igor Kurganov, un champion de poker russe, lorgner d'un peu trop près les milliards de son patron. Présenté à Musk par sa compagne, la chanteuse Grimes, Kurganov avait fini par persuader celui-ci de lui confier la gestion d'une partie du trésor de sa fondation. Là encore, Birchall a fait le ménage, allant même jusqu'à mettre le FBI sur la piste du champion, soupçonné un temps d'être un agent russe infiltré au sommet d'une multinationale américaine…

Dans cette garde prétorienne, les femmes, à l'exception de Maye, sont absentes, ou plutôt reléguées à la périphérie. Dans l'ombre du magnat. Il y a bien la cadette de la famille, Tosca Musk. Comme ses frères, elle s'est lancée dans les affaires, a tourné des films et créé Passionflix, une plateforme de streaming spécialisée dans les productions romantiques. Le succès, pour l'heure, reste très confidentiel. Si elle confie admirer son frère aîné, elle n'apparaît quasiment jamais à ses côtés. Pas facile d'être une femme dans ce clan d'hommes à l'*ego* débordant.

Encore moins aisé d'être la compagne de Musk. Dans un des longs entretiens accordés à son biographe Ashley Vance, le businessman, qui à l'époque vient de se séparer de l'actrice Talulah Riley, se confie : «J'aimerais tout de même avoir plus de temps pour faire des rencontres. Il me faut une petite amie. Pour cela, il faut me réserver un peu plus de temps. Peut-être cinq ou dix heures de plus – combien une femme exige-t-elle de temps dans la semaine ? Dix heures, peut-être. Est-ce un minimum ? Je ne sais pas.» L'amour est loin d'être une machine qu'on démonte, un programme informatique qu'on code, un process industriel à inventer, un *business plan* à peaufiner. En amour, Musk semble perdu. Il a les milliards, mais pas les clés.

Justine Wilson-Musk, sa première épouse, est sans doute celle qui parle le mieux de l'autre Elon, l'homme de chair, le père, le mari. Elle a tout connu avec lui : les premiers émois amoureux de la vie étudiante, les débuts chaotiques dans la Silicon Valley, les premiers millions, les trahisons, la démesure. Le drame, surtout : le décès de leur premier enfant, Nevada Alexander Musk, un petit garçon décédé dix semaines après sa naissance. Cette tragédie a refait surface récemment. Toujours sur Twitter, où le milliardaire étale sa vie en direct, sans filtre ni retenue, il écrit, le 21 novembre 2022 : «Mon premier enfant est mort dans mes bras, j'ai senti son cœur battre. Je n'ai aucune pitié pour quiconque utilise la mort d'enfants pour le gain, la politique ou la gloire.»

Ce jour-là, Musk répond à tous ceux qui veulent que soit rétabli le compte du complotiste et fondateur du site Infowars, Alex Jones, condamné pour avoir nié la réalité du massacre de Sandy Hook, durant lequel vingt enfants ont trouvé la mort en 2012. Cependant, deux jours plus tard, Justine Wilson répond à son ex-mari, par l'intermédiaire du réseau social : «Non pas que cela importe à quelqu'un sauf à moi, car c'est l'un des moments les plus sacrés et déterminants de ma vie, mais c'est moi qui le tenais.» Elon Musk a longtemps enfoui ce drame. Balayé. Le couple a bien tenté de s'accrocher à l'existence – il a par la suite eu cinq enfants, des jumeaux et des triplés conçus par fécondation *in vitro* –, mais la fracture est béante, la blessure, à vif.

Elon et Justine se rencontrent en 1989 sur les bancs de la Queen's University, au Canada. Elle a 18 ans, lui, 19. Fine, élancée, Justine est la coqueluche du campus, celle qui attire les regards, qu'on envie, celle sur le passage de laquelle on se retourne. Lui est timide, enfermé dans son monde de geek, mais il a un objectif : sortir avec la fille la plus populaire de Queen's. Avec son accent sud-africain, il l'aborde maladroitement, mentant en lui disant qu'il l'a croisée dans une soirée, où il n'a en réalité jamais mis les pieds. «Pourquoi ne pas prendre une glace ?» lui propose-t-il devant la porte de sa chambre de l'université. «Si tu veux», lui répond-elle, avant de lui faire faux bond. Quelques heures plus tard, alors que la jeune femme planche sur un devoir d'espagnol à la bibliothèque, elle entend un raclement de gorge derrière elle. Elon est là, un large sourire lui barrant le visage, avec deux cornets de glaces au chocolat dégoulinant entre les mains.

«On ne dit pas non à Elon[1]», écrit-elle, des années plus tard. En 2012, elle publie un long texte pour la version américaine de *Marie Claire*, dans lequel elle passe en revue leurs années de vie commune. À chaque ligne, l'amertume et la désillusion transpirent. Y figurent bien les débuts fusionnels, où Musk, qui a rejoint la Silicon Valley et vient tout juste de créer Zip2, lui donne sa carte de crédit, lui faisant promettre d'acheter tous les livres qui lui plairaient dans la librairie du coin de la rue. La jeune femme rêve alors de devenir écrivain. «On ne m'avait jamais dit quelque chose d'aussi gentil», se souvient-elle. Puis le conte de fées s'assombrit. Deux mois avant le mariage, il lui fait signer un contrat financier qu'elle paraphe les yeux fermés. Le jour des noces, au moment d'ouvrir le bal, il lui glisse à l'oreille : «Je suis l'alpha dans notre relation.» «J'ai compris alors qu'il avait été élevé dans une culture sud-africaine où le mâle était dominant.»

Cette domination ne cessera de grandir au fil des ans. «Je suis ta femme, s'acharne-t-elle à lui répéter. Pas ton employée.» Un jour, il rétorque : «Si tu étais mon employée, je te virerais sur-le-champ.» La mort de leur premier enfant, qui survient la semaine même où il empoche les 100 millions de dollars de la vente de ses actions PayPal, précipite le couple dans une crise dont il ne sortira jamais. Elon refuse d'évoquer ce sujet et se

1. «"I was a Starter Wife": Inside America's Messiest Divorce», *Marie Claire*, 15 octobre 2021.

réfugie dans son travail, la création de SpaceX et la reprise de Tesla. Justine, elle, sombre dans la dépression, alternant les périodes de boulimie et d'anorexie. Les soirées jet-set avec Leonardo DiCaprio, Paris Hilton ou John Cusack sur les hauteurs de Bel Air, où le couple a acheté une propriété de 6 000 mètres carrés, ne sont que des mirages. Justine s'enfonce à mesure que son époux accroît son emprise. Musk gère son couple comme ses entreprises, brutalement. «Je veux que tu sois plus blonde encore, deviens platine», exige-t-il. On ne dit pas non à Elon.

Huit ans après leur mariage, Justine perd le contrôle de sa voiture. Comme elle a perdu le contrôle de sa vie. Cet accident sert de détonateur. «J'ai pris conscience enfin de ce que j'étais devenue : une femme objet, un trophée.» Il ne reste plus rien de leur relation. Elle tente bien de lui ouvrir les yeux, essaie de lui expliquer le déséquilibre de leur couple. Il lui répond divorce. Six semaines plus tard, c'est par un simple SMS qu'Elon Musk apprend à son ex-femme qu'il a refait sa vie avec une jeune actrice britannique d'à peine 20 ans, Talulah Riley. Elle vient d'emménager chez lui : elle est mince et s'est teint les cheveux en blond.

Musk a rencontré Talulah en 2008 dans une boîte de nuit à Londres. La jeune femme a connu un premier succès en 2005 au cinéma, dans *Orgueil et Préjugés*, de Joe Wright, même si c'est Keira Knightley qui tient le haut de l'affiche. Ce soir-là, dans le brouhaha de la musique électronique, il lui demande la permission de poser la main sur son genou, lui offre de prendre le petit déjeuner avec elle le lendemain matin, puis le déjeuner, et enfin de le rejoindre dans sa chambre d'hôtel : il souhaiterait lui montrer des films sur les fusées qu'il est en train de construire... On ne dit pas non à Elon. Dix jours plus tard, il lui propose de venir vivre avec lui. La jeune femme quitte Londres sur-le-champ pour le soleil californien où elle s'occupe une partie de la semaine des cinq garçons d'Elon, les emmène à l'usine Tesla de Fremont le week-end, afin qu'ils voient leur père quelques instants. Talulah disparaît peu à peu des radars du cinéma, se fond dans la vie de son époux-gourou-businessman. Belle et transparente. Ils se marient en 2010, divorcent en 2012, se remarient un an plus tard et se séparent définitivement en 2016. Excepté une apparition dans la série fantastique *Westworld*, Talulah Riley ne jouera plus jamais pour le grand écran. Comme il a phagocyté Justine, Musk a avalé Talulah.

Au printemps 2022, quand Mathias Döpfner, le journaliste allemand patron du groupe de presse Axel Springer, interviewe le patron dans son repaire de Fremont, Musk se laisse aller à quelques confidences. « Pour être pleinement heureux, je pense qu'il faut être heureux au travail et heureux en amour. Donc, je suppose qu'actuellement je suis moyennement heureux », souffle-t-il. On croirait presque que, selon lui, la vie se résume à une équation mathématique...

Après son divorce avec Talulah Riley, les tabloïds traquent le milliardaire. On le surprend un temps, en 2016, avec Amber Heard, alors en pleine rupture avec Johnny Depp. Comme les autres, Amber est belle, mince et blonde. La romance ne dure guère. « Elle a rompu avec moi plus que je n'ai rompu avec elle, je pense », confie-t-il quelques années plus tard. En 2018, c'est sa relation avec Grimes, de son vrai nom Claire Boucher, qui fait la une des journaux people. Grimes n'est pas actrice mais musicienne, auteure-compositrice, icône de la musique électronique. Elle est à la hauteur de la folie de Musk et s'est construit un personnage tout droit sorti d'une nouvelle de *science fantasy*. Un jour, blonde platine, aux tenues punk mâtinées de références médiévales, le lendemain, métamorphosée en créature mystérieuse, sorte d'elfe asexué. Avec Grimes, Musk a trouvé une femme capable de comprendre ses rêves. Mais elle est indépendante, n'a aucunement l'intention de se laisser enfermer dans le rôle de la « femme de ». Ils ne vivront jamais réellement sous le même toit ; leur relation amoureuse en pointillé donne pourtant vie à deux enfants : X AE A-XII, né en 2019, puis, en 2021, Exa Dark Sideræl, la première fille de Musk. Fin 2021, ils annoncent officiellement leur séparation.

Quelques mois plus tard, les tabloïds publient des photos prises à la volée au printemps 2022 à Saint-Tropez, sur la terrasse de l'hôtel Cheval blanc. On y voit Musk et la jeune actrice australienne Natasha Bassett, l'une des héroïnes du film *Elvis*, roucouler, les yeux dans les yeux. Leur histoire dure à peine quelques semaines et c'est avec Maye Musk que la jeune femme gravit les marches du festival de Cannes au mois de mai de la même année. Maye, omniprésente. Maye au centre de tout.

Quel homme Musk est-il réellement en privé ? Directif et dominateur avec Justine, conquérant et étouffant avec Talulah. Toujours en quête d'une âme sœur, multipliant les conquêtes, pâles répliques de sa mère jeune. Incapable de construire une relation durable. Tétanisé à l'idée d'être isolé, il est pourtant enfermé dans un monde dont lui seul a les codes, qu'il échafaude chaque jour dans sa tête, jonglant avec les milliards pour continuer à construire un empire au service de sa cause martienne. Adulé par certains, détesté par d'autres. Musk est un lointain cousin d'Howard Hugues, milliardaire play-boy, excentrique, businessman génial qui a fini ses jours reclus chez lui, rattrapé par ses démons et sa paranoïa. « Quand je travaille sur ma fusée dans ma petite maison, surtout si mon chien n'est pas avec moi, alors je me sens assez seul, parce que je suis juste dans une petite maison, seul, sans chien », explique-t-il de façon décousue, lors de l'entretien qu'il accorde à Mathias Döpfner, en mars 2022. Le rêve qu'il poursuit n'a pas changé d'un pouce depuis vingt ans : créer une cité martienne autosuffisante. Peu de scientifiques croient aujourd'hui en ses projets, ne voyant dans ses déclarations tonitruantes que des opérations de communication pour faire parler de lui. Ils ont tort. Musk y croit, lui. Après tout, il a un objectif : mourir sur la planète rouge.

Remerciements

Pour leur soutien quotidien pendant ce long travail et leur infinie patience, nous remercions :

Olivier, Justine et Lena,
Coralie, Dea et Lilas
et leur dédicaçons ce livre.

Table des matières

La photocomposition de cet ouvrage
a été réalisée par
GRAPHIC HAINAUT
76, rue de Nancy
59100 Roubaix

Imprimé en France par CPI
en mai 2023

#lisez! engagé
www.lisez.com
Pour plus d'information :
Imprimé sur du papier issu de forêts gérées durablement.

N° d'édition : 65528/01 – N° d'impression : 3052993